Alexander Gauland

Die Deutschen und ihre Geschichte

wjs

1. Auflage

Schutzumschlag: Dorén + Köster, Berlin
Satz: Dorén + Köster, Berlin
Druck und Bindung: fgb, freiburger graphische betriebe
Printed in Germany

ISBN: 9-783-937989-56-3

www.wjs-verlag.de

Alexander Gauland

Die Deutschen und ihre Geschichte

INHALT

7 Gibt es den deutschen Sonderweg?

11 Mittelalterliche Kaiserherrlichkeit als römisches Erbe – Ottonen und Staufer

29 Der antirömische Protest 1 – Luther gegen Karl V.

43 Der antirömische Protest 2 – Friedrich gegen das Reich

57 Der antirömische Protest 3 – Preußen gegen Österreich

69 Blut und Eisen

81 Das Hohenzollernreich

99 Republikanischer Versuch

119 Nihilistische Versuchung

135 Geteiltes Land

155 Endlich am Ziel

167 Literatur

Gibt es den deutschen Sonderweg?

Der Gegensatz könnte nicht größer sein. In Potsdam bemüht sich eine Bürgerinitiative, die traditionsreiche Garnisonkirche Friedrich Wilhelms I. wieder zu errichten und begegnet dabei großen Vorbehalten. Zu Beginn wollten weder Stadt noch Kirche das Bauwerk zurück, in dem Hindenburg und Hitler am 21. 3. 1933 den Tag von Potsdam zelebrierten. Als der publizistische und gesellschaftliche Druck von jenseits der Stadtgrenzen wuchs, sollte es wenigstens ein Versöhnungszentrum sein, um Fluch und Schuld von der Kirche zu nehmen, in der sich einst der preußische König Friedrich Wilhelm III. und Zar Alexander I. von Russland eine kurzlebige Treue geschworen hatten und wenig später Napoleon am Grabe Friedrichs des Großen zu seinen Offizieren gesagt haben soll: Wenn der noch lebte, stünden wir nicht hier.

Was also in Deutschland sofort zu ideologischen Verspannungen führt, das Erbe Preußens und seine angebliche Verantwortung für den Aufstieg Hitlers, kommt in der 900-Seiten-Biographie dieses Staates von dem englischen Historiker Christopher Clark nicht einmal in einem Nebensatz vor. Weder der Zusammenhang von Preußentum und Nationalsozialismus noch der lange Weg nach Westen, den wir vorgeblich zurückgelegt haben sollen, ist

Clark eine Befassung wert. Daraus folgt, dass andere die deutsche Geschichte nicht auf den größten anzunehmenden Unfall zulaufen sehen und nicht alles, was uns heute aus der Vergangenheit nicht mehr zusagt, deshalb gleich in den Schatten von Auschwitz rücken.

Dennoch gibt es natürlich Unterschiede zur Entwicklung in England und Frankreich. Wie könnte es auch anders sein. Doch das heißt eben nicht, dass das eine der Normalfall und das andere ein Sonderweg ist. Prägender als der Schatten Hitlers ist eine andere Tatsache, die der Historiker Heinrich August Winkler gleich an den Anfang seines Buches »Der lange Weg nach Westen« stellt: »Im Anfang war das Reich: Was die deutsche Geschichte von der Geschichte der großen westeuropäischen Nationen unterscheidet, hat hier seinen Ursprung.« Die Abspaltungen vom und die Spaltungen im Reich sind das, was die große Geschichtserzählung ausmacht, weshalb Luther und Friedrich der Große eine weit größere Verantwortung für das scheinbare Misslingen der nationalen Erzählung trifft als den unglücklichen Wilhelm II. oder den fatalen Ludendorff.

Die deutsche Geschichte ist 1933 mit der Machtübernahme Hitlers entgleist, nachdem sie zuvor aus dem Gleichgewicht geraten war. Doch dieses Entgleisen ist nicht die Folge der vorangegangenen Gleichgewichtsstörung. Bismarck hatte das historische Spannungsverhältnis zwischen Europa und dem von ihm wieder begründeten Reich in ein prekäres Gleichgewicht gezwungen, das seinen Abschied von der Macht nicht überlebte. Doch das heißt eben nicht, dass eine Figur wie Hitler und seine Taten zwangsläufig waren oder irgendjemandem zugerechnet werden können, auch wenn das Porträt Friedrichs des Großen im Bunker und das Bismarcks in der neuen Reichskanzlei hing. Wie hat das der Historiker Golo Mann so unnachahmlich ausgedrückt: »Die Geschichtsschreiber tun Hitler viel zu viel Ehre an, die uns glauben machen wollen, es habe Deutschland seit hundert Jahren nichts anderes getrieben, als sich auf das unvermeidliche Ende, den Nationalsozialismus vorzubereiten.« Zu dieser Sichtweise möchte diese kleine deutsche Geschichte einen Beitrag leisten. Dass sie so falsch nicht sein kann, bestätigt ausgerechnet die große Preußenerzählung eines englischen Historikers.

Mittelalterliche Kaiserherrlichkeit als römisches Erbe – Ottonen und Staufer

Nicht in den germanischen Urwäldern hat die deutsche Geschichte ihren Ursprung, sondern in Rom – so beginnt Hagen Schulze seine »Kleine deutsche Geschichte«. Für die Geschichte mag das zutreffen, für die Deutschen nicht. Noch 1920, als die Wälder längst gelichtet waren, empfindet der englische Schriftsteller Logan Pearsall Smith das Anderssein der Deutschen: »Die bekannte Welt nannte ich die Landkarte, die ich zu meinem Spaß für das Kinderschulzimmer skizzierte. Sie umfasste Frankreich, England, Italien, Griechenland und alle Küsten des Mittelmeers; aber den Rest nannte ich unbekannt und ich zeichnete im Osten die zweifelhaften Reiche von Ninos und Semiramis hinein und versetzte Deutschland in den Herkynischen Wald zurück; und ich malte Bilder von den mutmaßlichen Bewohnern dieser unerforschten Regionen.«

Es waren noch nicht die Deutschen, es waren die Germanen, die in den Wäldern östlich des Rheins hausten. Sie waren unsere Vorfahren und doch auch wieder nicht. Mit dem Begriff deutsch oder Deutschland hätten sie nichts anzufangen gewusst. Es waren Sueben, Markomannen, Langobarden, Cherusker. Sie lebten in Familien- und Stammesverbänden, einen Staat kannten sie nicht. Rom war das andere, das sie nicht waren, und von dort haben wir auch unser Bild. Es stammt von dem römischen Historiker Tacitus, der eine kleine Schrift über Germanien veröffentlichte, die aber wohl mehr innenpolitischen Zwecken als der historischen Wahrheit diente. Zwar rügt Tacitus die Leidenschaft der Germanen für den Krieg, ihre Streithändel beim Trunk, ihre Neigung zu Spiel und Gelagen, aber er lässt auch ihren Tugenden Gerechtigkeit widerfahren, der strengen Ehrbarkeit und Heiligkeit des Hauses, der Keuschheit, ihrer Gastfreundschaft, der Strenge, mit der sie unnatürliche Laster, Feigheit und Verrat ahnden. Tacitus vergleicht die Germanen zu ihrem Vorteil mit den römischen Zuständen: kein Geld, keine Testamente, keine lüsternen Schauspiele und keine Korruption.

Dass solche Menschen im Jahre 9 n. Chr. die römische Expansion nach Osten im Teutoburger Wald stoppten, haben nur wenige Römer bedauert. Zu groß war das Reich schon und zu fremd die germanische Welt zwischen Rhein und Elbe. Als das Römische Reich – oder besser gesagt das Weströmische Reich – 400 Jahre später zusammenbrach, übernahmen germanische Stämme die Last der Regierung und der Reichsverteidigung. Es waren die West- und Ostgoten, die sich für das alte Reich und das neue Christentum opferten und zusammen mit den Römern die Vandalen und Hunnen, die großen Zerstörer aus der Völkerwanderung, abwehren. Rom bleibt der Dreh- und Angelpunkt aller germanischen Staatsbildungsversuche auf italienischem Boden, womit schließlich nach dem Zwischenspiel Theoderichs des Großen und einigen chaotischen Jahrhunderten die Franken Erfolg hatten.

Es war Karl der Große, der mit seiner Herrschaft das römische mit einem germanischen Reich zusammenbrachte. Es war noch nicht deutsch, obwohl das erste deutsche Wort in einer fränkischen Urkunde aus Karls Streit mit dem Bayernherzog Tassilo stammt. Diesem wird »harisliz« vorgeworfen, neuhochdeutsch Fahnenflucht. Und etwa zur gleichen Zeit finden sich im Hildebrandslied, einer Heldensage aus der Zeit des Gotenkönigs Theoderich des Großen, die Anfangsworte der deutschen Literatur: »Ik gihorta dat seggen« – ich hörte das sagen. In das offizielle Vulgärlatein drangen umgangssprachliche althochdeutsche Brocken ein. Deutsch kommt von »thiutisk« oder lateinisch »theodiscus«, ein Begriff, der einfach volkssprachlich bedeutet.

Die Söhne Karls konnten das Reich nicht bewahren und so wurde sein Erbe im Vertrag von Verdun 843 dreigeteilt: in das Westfrankenreich unter Karl dem Kahlen, Lotharingien, das Zwischenreich unter Lothar mit dem späteren Burgund und Italien, und das Ostfrankenreich unter Ludwig, den national denkende Historiker im 19. Jahrhundert in Ludwig den Deutschen umbenannten, eine Geschichtsfälschung, da er nur rex germaniae war. Immerhin lassen die Reichsteilungen im Osten die Umrisse eines viel späteren Deutschland erkennen, das noch bis 1806 als Heiliges Römisches Reich Deutscher Nation Europas Mitte erst beherrschen, dann immerhin bewahren sollte.

Der Schlüsselbegriff des Mittelalters ist das Kaisertum. Und da das spätere Deutschland außer unter den letzten Staufern der zentrale Baustein dieses Kaisertums ist, bleibt das Schicksal des Landes bis in das 20. Jahrhundert hinein mit dieser Idee verbunden. Wann unter den Herrschergestalten von Heinrich dem Vogler bis zu Friedrich II. ein deutsches Nationalgefühl zuerst spürbar war, ist schwer zu sagen. Immerhin spricht ein Salzburger Mönch in den Salzburger Klosterannalen zum ersten Mal 920 von einem Reich der Deutschen. Gewiss aber ist ein solches Nationalgefühl um 1200, als Walther von der Vogelweide ein Preislied schrieb, in dem er von den Eigenschaften deutscher Männer und Frauen schwärmt »von der Elbe bis an den Rhein und wieder hinunter bis ans Ungarland«. Wohl nicht zufällig klingt das im Lied der Deutschen von Hoffmann von Fallersleben ganz ähnlich.

Doch anders als in den sich parallel entwickelnden späteren Nationalstaaten Frankreich, England und Spanien zielt das Kaisertum in die Weite, verkörpert einen übernationalen Anspruch als Fortsetzung der römischen Antike und des karolingischen Erbes als Schutz und Schild der Christenheit, ja, als Herr der Welt. Früh haben sich daraus Konflikte ergeben. Denn neben den Fragen, wo im Westen wie Osten die Grenze des Reiches verläuft, wie viel »Frankreich« zum »Reich«, also zu Deutschland gehört, und ob Elbslawen, Liutizen und Pruzzen dem Reich angehören sollen, ist es immer auch die Frage der Christianisierung, die sich mit den Grenzfragen in der Ostmission des Reiches mischt. Und natürlich gehörten zum antiken Erbe Rom, Reichsitalien und das Verhältnis zur zweiten übernationalen Gewalt, dem Papsttum. Mittelalterliche Kaiser sind öfter in Rom als in Deutschland gewesen. Das kann man vom nationalen Standpunkt aus beklagen, doch es gehört zum deutschen Erbe wie das Kaisertum selbst.

Das deutsche Mittelalter beginnt mit einer Reihe großer Persönlichkeiten, die lange in der Erinnerung des Volkes lebendig geblieben sind. Herzog Heinrich von Sachsen soll am Vogelherd gesessen haben, als ihm Reichsinsignien und Thronschatz von dem Frankenherzog Konrad, dem ersten deutschen König, überbracht wurden. Er war der volkstümlichste, einte das Reich, erwarb Lotharingien, schob die Ostgrenze über die Elbe vor und besiegte ein erstes Mal – sozusagen zum militärischen Luftholen – die

Ungarn. Der große Historiker Leopold von Ranke hat seine Wahl »den grundlegenden Akt der deutschen Geschichte« genannt, und das 19. Jahrhundert hat ihn neben Bismarck zum »Reichsgründer« stilisiert, eine rückwärts gewandte Historisierung, die der Sachsenherzog nicht verstanden hätte.

Sein gewählter Nachfolger wird Otto I., den die Deutschen bald den Großen nennen. Unter ihm greift das Reich ins Weite. Die Ungarn werden ein für alle Mal 955 auf dem Lechfeld bei Augsburg besiegt, und der König wird frei für die Neuordnung Italiens. Nachdem er die Witwe des letzten italienischen Königs, Adelheid, aus der Burg Garda befreit und geheiratet hat, erwirbt er durch sie ein Anrecht auf die eiserne Langobardenkrone Italiens. 963 krönt ihn der Papst zum Kaiser und bindet damit das Erbe der Cäsaren an das germanisch-deutsche Heerkönigtum. Diese Wiedergeburt des Kaisertums löst auch die Päpste aus ihrer tiefen Verstrickung in die stadtrömischen Adelsfehden und macht sie frei für den geistigen und politischen Aufstieg des Papsttums, einen glücklichen historischen Moment lang im Zusammenwirken mit den deutschen Kaisern. Was diese neue geistige Weite für die provinzielle Welt der Stammesherzogtümer bedeutete, lassen noch heute die Dome von Magdeburg, Quedlinburg, Naumburg und Bamberg, die Stiftskirche von Gernrode, die Ruinen von Memleben und die Stifterfiguren am Meissner Dom erahnen. Mit der Krönung Ottos wurde Deutschland für drei Jahrhunderte unter den großen Dynastien, den Ottonen, Saliern und Staufern, nicht allein zur politischen, sondern auch zur intellektuellen Vormacht Europas.

Otto der Große hatte das römisch-deutsche Imperium begründet, aber nicht vollendet. Es blieb angefochten im

Westen wie im Osten und in Reichsitalien. Die Stärke des Kaisertums beruhte auf der Reichskirche, den kaisertreuen Bischöfen, die die Zentralgewalt stützten. Was lag näher, als dass ein romantischer Jüngling auf dieser Einheit von Thron und Altar, dieser *renovatio imperii*, der Wiederherstellung des Römerreiches, ein neues Reich gründen wollte. Während im Westen und Osten die ersten Blüten nationaler Eigenständigkeit aufbrachen, wollte Otto III. dem Abendland wieder einen Mittelpunkt geben und ständig in Rom Quartier nehmen. Es war einer der noch oft wiederholten Versuche, die nationale Eigenstaatlichkeit in einer christlich-universalen Reichskonzeption aufzufangen. In Aachen ließ der junge Kaiser deshalb das Grab Karls des Großen öffnen und in Polen besuchte er im Jahr 1000 das Grab Adalberts von Prag, eines Märtyrers der Christianisierung Polens. Polen sollte in das Imperium Romanum eingefügt werden, doch nicht mittels Gewalt, sondern indem seinen Fürsten ein angemessener Platz in der hierarchischen Rangordnung des Imperiums zugewiesen wurde. Eine Verwirklichung dieser christlich-universalen Reichskonzeption hätte der Geschichte Europas eine andere Wendung gegeben und die zerstörerischen Kräfte des europäischen Nationalismus bannen können. Es war ein Traum des Kaisers und seiner Berater. Widerhall fand er damit weder in Frankreich noch in Deutschland oder gar in dem von mittelalterlichen Fehden zerrissenen Rom. Am ehesten noch konnten die Völker am Rande des Abendlandes, die Polen und die Ungarn, diese Gedanken nachvollziehen. Doch der frühe Tod des Kaisers im Jahre 1002 machte diesen Träumen ein Ende.

Mit Heinrich II., dem frommen Bayernherzog, beginnt eine Rückbesinnung auf die Wurzeln der deutschen Kaiser. Den Wahlspruch Ottos III. »Wiederherstellung des

Römerreiches« ersetzt er auf seinem Königssiegel durch die Devise »Wiederherstellung des Frankenreiches«. Das bedeutete zwar keinen Verzicht, aber doch eine machtpolitische Beschränkung auf das realistisch Mögliche. Das Herz des Imperiums sollte künftig nicht in Rom, sondern nördlich der Alpen schlagen. Zwar zog auch Heinrich mehrmals in den Süden und wurde vom Papst zum Kaiser gekrönt, doch seine Machtbasis lag in seinem Stammland, in Bayern, Sachsen und Thüringen. Deren Fürsten musste er in den Merseburger Wahlkapitulationen von 1002 die Erhaltung ihres alten Stammesrechtes zusichern. Der Historiker Leopold von Ranke hat diese Wahlkapitulationen mit der englischen Magna Charta von 1215 verglichen und sie die erste Verfassung der Deutschen genannt. »Das deutsche Königtum kam dadurch in einen verfassungsmäßigen Zustand; die höchste Gewalt, die in der Idee eine unbeschränkte gewesen war, wurde bestimmten Beschränkungen unterworfen«.

Heinrich stärkte die Reichskirche gegen Herzöge und Grafen. Merseburg, Hildesheim und Bamberg sind durch ihn privilegiert, von ihm beschenkt und gefördert worden. Besonders Bamberg, seine Gründung, wo er und seine Frau – die heilige Kunigunde – ihre letzte Ruhe fanden, verdankt ihm viel. Der Papst, der ihn 1146 kanonisierte, begründete die Heiligsprechung damit, »dass er, der doch die Krone und das Zepter des Kaiserreiches getragen, nicht kaiserlich, sondern geistlich gelebt habe«. Noch immer ist der Kaiser der kirchliche Reformmotor, doch die Zeit, in der sich die Kirche kaiserlichem Wollen unterordnet, geht zu Ende. Heinrich II. war der letzte seines Geschlechtes, und die Legende sprach schon damals von einer »Josephsehe« zwischen ihm und der jungfräulichen Kaiserin. Nach seinem Tod wählen die Fürsten seinen Vetter Konrad.

Der Weg des aus Franken stammenden salischen Herrscherhauses beginnt vielversprechend. Am 2. Februar 1033 wird der erste Herrscher aus diesem Haus, Konrad II., in Payerne zum König von Burgund gekrönt. Das Imperium Romanum umschloss nun die drei Königreiche Deutschland, Italien und Burgund, womit das alte Lotharingien wieder vollständig zum Reich gehörte. Das mittelalterliche Kaisertum näherte sich seinem Zenit. Nie wieder sollte es auf die Höhen zurückkehren, die es unter Heinrich III. erreichte. Reichsitalien war fest in kaiserlicher Hand, und in Rom setzte der neue Kaiser gleich drei unwürdige Nachfolger des Apostels Petrus ab. Der neue Papst war ein Mitglied der Reichskirche, also ein deutscher Papst, aus dessen Händen der deutsche König die Kaiserwürde empfing. Noch einmal demonstrierten beide Gewalten, die kaiserlich-weltliche und die päpstlich-geistige, ihre Eintracht.

Mit den Reformsynoden von Pavia, Sutri und Rom begann die Erneuerung der Kirche an Haupt und Gliedern unter kaiserlicher Führung. Noch richtete sich der Kampf gegen die Simonie, also den Ämterkauf, und es ging um die Durchsetzung des allgemeinen Priesterzölibats gegen die Einvernahme des Papsttums durch die stadtrömische Aristokratie, nicht aber gegen den Bestand der Reichskirche als Grundlage des Kaisertums und wichtigste Stütze des Thrones. Doch eben darin lag die Schwäche dieses Einvernehmens. Es war an das vernünftige Zusammenwirken zweier Gewalten gebunden, die jede für sich nach dem Höchsten strebten und damit das prekäre Gleichgewicht zerstörten, auf dem das sakrale Kaisertum wie die geistliche Macht des Papstes ruhten. Vernünftig aber waren die beiden Protagonisten nicht, die jetzt aufeinander trafen, Kaiser Heinrich IV. und Papst Gregor VII., der heilige Teufel, wie er von den Zeitgenossen genannt wurde.

Canossa ist in der deutschen Geschichte doppelt symbolbehaftet. Für die einen ist es der Ort tiefster Erniedrigung mittelalterlicher Kaiserherrlichkeit, die Bismarck noch 1873 während seiner Auseinandersetzung mit dem deutschen Katholizismus im Reichstag zu dem Ausruf veranlasste »nach Canossa gehen wir nicht«; für die anderen ist der Ort das Symbol kluger Realpolitik. Aber vor allem markiert Canossa das Ende des Kaisermythos, das Ende der Einheit von Kirche und Reich. »Mit diesem bedeutungsvollen Umschwung wandte sich die Zeit von der Vollkommenheit zum Niedergang«, schrieb Jahrzehnte später ein kluger Beobachter, Otto von Freising. Der Kaiser war zwar auch danach noch mächtig, doch sein Mythos war zerbrochen; seine Macht beruhte nur noch auf den Temporalien, dem Kron- oder Hausgut, nicht mehr auf den Spiritualien, also der Herrschaft über die Seelen.

Was wir später die Trennung von Staat und Kirche nennen werden, nimmt hier seinen Ausgang und das Reich seinen langen Abschied von der Macht, der erst im Jahre 1806 enden sollte. Als der Kaiser noch minderjährig war, hatte die Kirche die Papstwahl in die Hände der Kardinäle gelegt und damit nach dem städtischen Adel auch den römischen Kaiser aus dem Wahlverfahren verdrängt. Dies entsprach den Reformgedanken, nach denen kein Laie über ein kirchliches Amt entscheiden sollte. Als Heinrich wie in alten Zeiten in Reichsitalien Bischöfe einsetzte, bedrohte ihn der Papst mit dem Bann. Als eine Mehrheit der deutschen Bischöfe daraufhin den Papst abzusetzen versuchte, bannte er den Kaiser, ein revolutionärer Akt, der die eine Hälfte des mittelalterlichen Staatsbaus, die weltliche, zum Einsturz brachte. Ein Teil der Fürsten nutzte die Gunst der Stunde, um den Kaiser mit Hilfe des Papstes abzusetzen. Denn seine Politik, rund um den Harz mit

Goslar im Zentrum Krongut, also dem Reich zugehöriges Eigentum, mittels neuer von Beamten bemannter Burgen in Hausgut, also dem herrschenden Geschlecht eigenes Gut, umzuwandeln, hatte den Kaiser seinen Rückhalt im Reich gekostet. Drei Tage und drei Nächte musste der gebannte Kaiser vor der Burg von Canossa im Schnee ausharren, bevor ihn der Papst wieder in die Gemeinschaft der Gläubigen aufnahm.

Canossa machte den Kaiser zwar wieder handlungsfähig, zerstörte aber den kaiserlichen Nimbus und die sakrale Monarchie. Noch zwanzig Jahre dauerten die Kämpfe mit Aufständischen und Gegenkönigen. Am Ende starben der Papst in der Verbannung in Salerno und der Kaiser auf der Flucht vor seinem aufständischen Sohn. Beide hatten ihre sakrale Würde eingebüßt, beide hatten verloren, auch das Papsttum vermochte die neu gewonnene Macht nicht zu bewahren, schon die weiteren Bannflüche erwiesen sich als wirkungslos. Schließlich beruhte die päpstliche Autorität nicht auf den »Divisionen des Papstes«, sondern auf der Macht des Glaubens. Als diese zu schwinden begann, entschwand auch die Macht zu bannen und zu lösen.

Mit dem Wormser Konkordat von 1122 endete die Auseinandersetzung. Der Kaiser verzichtete auf das Recht der Investitur mit Ring und Stab, also den geistlichen Symbolen. Dafür wurde ihm zugestanden, dass die Bischöfe in seiner Gegenwart durch das Domkapitel, allerdings ohne Simonie, also ohne Korruption, und ohne Gewalt gewählt wurden. Die Entscheidung bei einer zwiespältigen Wahl wurde dem König überlassen, der den erwählten Bischöfen und Äbten durch die Überreichung eines Zepters die vom Reich herrührenden weltlichen Herrschaftsrechte übertrug. Staat und Kirche waren damit ein ganzes Stück auseinandergerückt. Den künftigen Kaisern war es nicht mehr möglich, das Reich mit Hilfe der Kirche zu regieren und die geistlichen Herren den weltlichen gegenüberzustellen. Mit dem Tod Heinrichs V. erlosch das salische Kaiserhaus.

Das neue Geschlecht der Staufer bedurfte schon einer gesicherten territorialen Herrschaft, um noch einmal – fast – die Höhen Ottos I. oder Heinrichs III. zu erklimmen. Es war wie eine romantische Spätblüte des mittelalterlichen Kaisertums. Sie beginnt mit einer deutschen Sagengestalt, Friedrich Barbarossa, Kaiser Rotbart, der gemäß deutschen Sagen- und Liedguts in den Höhlen des Kyffhäuser seiner Wiederkehr in ein einiges Deutschland harrt. Der Kaiser, ritterlich, eloquent und machtbewusst, hatte während seiner langen Regierungszeit von 1152 bis 1190 mit den beiden Kräften zu kämpfen, die das Reich zu schwächen begannen und es am Ende überwältigten – die deutschen Landesherren und die italienischen Städte. In Deutschland bot das mächtige Welfengeschlecht in der Person Heinrichs des Löwen dem Kaiser Paroli und verweigerte 1176 sogar die Heerfolge zum fünften Italienzug; in Italien begannen die lombardischen Städte sich von Kaiser und Papst zu emanzipieren und einen feindlichen Riegel zwischen den deutschen und den italienischen Teil des Reiches zu schieben.

Den Welfen konnte der Staufer besiegen und ihm die Reichslehen Sachsen und Bayern abnehmen. Nur das Patrimonium, sein Erbgut Braunschweig und Lüneburg, blieben welfisch bis zum Jahre 1866, als ein künftiger deutscher Kaiser nach einer neuen Niederlage das Erbe Heinrichs seinem Hausgut Preußen zuschlug. Auch die italienischen Städte konnte der Kaiser demütigen und das starke Mailand bis auf die Grundmauern zerstören. Doch wie der Untergang der Welfen den Aufstieg der Landesherrlichkeit nicht aufhalten konnte, so verhinderten sechs

Italienzüge nicht das allmähliche Auseinanderdriften beider Länder. Und als 1176 bei Legnano ein städtisches Bürgerheer die Blüte der deutschen Ritterschaft vernichtete, wurden die Kräfte sichtbar, denen die Zukunft gehörte – Landesherren und Stadtbürger.

Bezeichnenderweise zog Friedrich die Reichslehen nicht zu seinen Gunsten ein, wie das zur gleichen Zeit in Frankreich und England üblich wurde, sondern vergab sie an andere Reichsfürsten, auf deren Treue er so wenig zählen konnte wie auf die des Welfen. Anders in Reichsitalien, wo mit den Roncalischen Dekreten alle Regalien, herzogliche, markgräfliche, gräfliche Rechte, Zölle und Einkünfte, dem Kaiser zurückgestellt und von ihm nach Billigkeit neu vergeben oder auch einbehalten wurden. Damit war es nur noch ein kleiner Schritt hin zur Hausmacht seines Enkels in Apulien und seiner späteren Nachfolger, der Luxemburger und Habsburger, im Südosten Europas.

Das hochmittelalterliche Kaiserreich blieb auch unter den Staufern ein personaler Herrschaftsverband, dessen Oberhaupt eher symbolische als tatsächliche Macht ausübte, dessen Rechtsstellung undeutlich blieb und immer von neuem austariert werden musste, während ihm gegenüber die Reichsstände, die geistlichen und weltlichen Reichsfürsten, ihre Stellung befestigten. Nur im Hausgut herrschte der Kaiser unbeschränkt. Als Barbarossa auf dem dritten Kreuzzug 1190 im Kalykadnus in Kleinasien, der heutigen Türkei, ertrank, war das Reich so ungefestigt, dass zwei Gegenkönige, Philip von Schwaben und Otto IV. aus dem welfischen Haus, das Reich in einen Bürgerkrieg stürzen konnten. Nur die Ankunft eines Genies, des letzten Stauferkaisers, des »Staunens der Welt«, führte das mittelalterliche Kaisertum noch einmal in ungeahnte Höhen. Doch es waren keine institutionell abgesicherten

Höhen, es war die Genialität eines Einzelnen und konnte deshalb nicht dauern. Mit dem Tod Friedrichs II. von Hohenstaufen verschwindet ein Zauber aus der deutschen Geschichte. Sein Reich zerfiel, seine Persönlichkeit aber leuchtete bis in die dunkelsten Tage des 20. Jahrhunderts.

Als die nationalsozialistischen Schergen am Morgen des 9. April auf Hitlers persönlichen Befehl Admiral Canaris, General Oster und Pfarrer Bonhoeffer in Flossenburg erhängten, fanden sie in der Zelle von Canaris seine letzte Lektüre – Ernst Kantorowicz: Kaiser Friedrich II., das die Widmung trägt »Seinen Kaisern und Helden das Geheime Deutschland«. In der Figur dieses Stauferkaisers haben sich so gegensätzliche Charaktere wie Hitler und Stauffenberg gespiegelt, und der Streit darüber, wer dabei Recht hatte, hält bis heute an.

Mit Friedrich II. drängt Deutschland noch einmal ins Weite, Große, ins Abendländisch-Christlich-Römische, ist es Subjekt der Weltgeschichte. Danach fällt es zurück ins Enge, Provinzielle, wird Objekt fremder Begierden, und seine Herrscher sind nur noch ein matter Abglanz der Stauferherrlichkeit. Oder um es mit den Worten seines Biographen zu sagen: »Zum einzigen Mal in der Geschichte war damit für das ganze große, vielspältige Deutschland die Lösung des so nie wieder gelösten deutschen Problems geglückt – zum einzigen Mal wurde die adlige Jugend, die ja auch Stifte und Klöster füllte, auf eine Form hin erzogen, die nicht nur in den Grenzen der engsten Heimat, sondern überall in der Welt Geltung hatte – das einzige Mal auch, dass die Deutschen wirklich etwas im besten Sinne Weltmännisches hatten. Da war denn der Boden bereitet für eine große deutsche Plastik, die freilich in dem Augenblick jäh abbrach, als mit dem Sturz des Reiches das Rittertum, von der Welt abgeschnitten, in bürgerlicher Enge verdumpfte oder aber Deutschland verlassend in fremdem Sold kämpfte«.

Nach dem Tode Friedrich Barbarossas führt sein Sohn Heinrich VI. die staufische Weltmonarchie auf ihren Machtgipfel. Durch seine Heirat mit Constanze, der Erbin des Normannenreiches in Apulien und Sizilien, gewinnt er dem staufischen Weltmachtanspruch eine neue Basis. Doch sein früher Tod verhindert ihren Ausbau. Sein Sohn und Erbe Friedrich beginnt seine Laufbahn als verwahrloste Waise, als Spielball deutscher, päpstlicher und lokaler sizilianischer Interessen in der Königsburg von Palermo. Dass der dem Hungertod nahe und von der Barmherzigkeit einiger Bürger lebende Staufersproß neben dem Volgare, der italienischen Volkssprache, Latein, Griechisch, Hebräisch, Arabisch, Französisch und Provenzalisch lernt, ist das erste Wunder, das zweite sein berühmter Zug nach Deutschland, wo er, anfangs nur von wenigen Rittern begleitet, das deutsche Königtum von dem Welfen Otto IV. zurückgewinnt. Unterstützt von seinem päpstlichen Vormund Innozenz III. siegt er – wie später Napoleon auf seinem Adlerflug von Elba nach Paris – nicht durch Macht, sondern durch Charisma, Glück, Charme und Klugheit. Es erfüllt sich der alte Mythos: Immer – so heißt es – müssten die Waiblinger (Staufer) auch die Kaiser sein, die Welfen aber stets deren Vasallen, wenn auch als die ersten und machtvollsten Herzöge. Doch der Preis ist hoch. In Deutschland verzichtet der Staufer auf viele Kronrechte, auf Gerichtshoheit und Münzrechte zugunsten der Fürsten, die zum ersten Mal »Landesherren« genannt werden, und zum ersten Mal wird auch ein Gesetz, der Mainzer Landfriede, in deutscher Sprache verkündet. Fortan ruht »der kaiserliche Thron, dem wir verbunden sind, gleich wie die Glieder dem Haupt, wie dieses auf unseren Schultern und wird gefestigt durch unseren Bau, so dass in erhabener Majestät das Kaisertum aufglänzt und unser Fürstentum jenen Glanz widerspiegelt«.

Der Kaiser war insgesamt nur dreimal in Deutschland. Die Regierung überlässt er dort den mit wenig Geschick agierenden Söhnen, zuerst Heinrich und nach dessen Rebellion Konrad. Das staufische Problem bleibt Italien, wo Friedrich in seinem apulisch-sizilianischen Königreich den ersten modernen Beamtenstaat jenseits der mittelalterlichen Lehnswelt schafft. Mit den Konstitutionen von Melfi weist diese Schöpfung auf die Renaissance und das Modell eines voraussetzungslosen, methodisch aufgebauten Gewaltstaates voraus. Sizilien bleibt die staufische Hausmacht, die der Kaiser dem Papst wie dem Adel entzieht. Doch diese Konstellation birgt Gefahren, in denen die Staufer schließlich umkommen: Das päpstliche Territorium ist von kaiserlichem Land eingeschlossen, und in Norditalien blockieren die aufrührerischen, lombardischen Städte immer aufs Neue die Verbindungswege des Reiches, machtlogisch unterstützt von machtbewussten Päpsten. Es ist ein nur durch kurze Waffenstillstände unterbrochener Kampf zwischen Kaiser, Papsttum und den von diesem unterstützten Städten, der die Kräfte des Papsttums wie des Kaisers übersteigt.

Wenn Europa am Ende in Territorialherrschaften zersplittert und die Renaissance die geistige Macht der Kirche bricht, dann ist das die Folge dieses gnadenlosen ununterbrochenen Kampfes. Bei Cortenuova siegt Friedrich über die Lombarden 1237 in der bedeutendsten mittelalterlichen Schlacht, zehn Jahre später erleidet er vor Parma die schwerste Niederlage seines Lebens und büßt den Nimbus der Unbesiegbarkeit ein. Und je länger der Kampf dauert, desto regelloser, böser wird die Auseinandersetzung. Erst in dieser Phase des Kampfes, in der der Papst Innozenz IV. die Ermordung des Kaisers plant und selbst seine engsten Vertrauten zu Verrätern werden, greift der Kaiser zum Mittel des Terrors und rechtfertigt so die Vorwürfe von Zeitgenossen und Nachgeborenen, die im Kaiser den Antichristen und in seiner literarischen Verherrlichung durch den Juden Ernst Kantorowicz einen Kniefall vor dem ästhetischen Faschismus sehen wollen.

Doch es ist etwas anderes, ob ich die Welt mit Feuer und Schwert überziehe, um sie meiner Macht, meinem Willen und meinen Vernichtungsphantasien zu unterwerfen oder ob ich in höchster Not zur Verteidigung meiner legitimen, nach der mittelalterlichen Vorstellungswelt von Gott herrührenden Rechte auch zu grausamen Mitteln greife. Der Kaiser war zwar, wie Jacob Burckhardt beobachtet hat, der erste moderne Mensch auf dem Thron, aber eben auch überzeugt von seiner Göttlichkeit als Kaiser. Und während er in Sizilien seine Untertanen zu Hörigen herabdrückte, sah er sich selbst christusgleich und seinen zufälligen Geburtsort Jesi in den Marken als ein neues Bethlehem: »Denn aus ihr ist der Herzog hervorgegangen, des Römischen Reiches Fürst, der über dem Volk herrsche und es schütze und nicht gestatte, dass es fürder fremden Händen untertan sei.«

Am besten illustriert wohl eine Anekdote des Kaisers Weltsicht. »Der Kaiser Friedrich ging einmal auf die Falkenjagd, und er hatte einen ganz ausgezeichneten Falken, den er mehr als eine Stadt schätzte. Er ließ ihn auf einen Kranich los; der aber stieg hoch. Der Falke flog noch viel höher als er. Er sah unter sich einen jungen Adler. Er stieß auf ihn, dass er zu Boden stürzte, und hielt ihn so lange, bis er tot war. Der Kaiser lief hin in der Meinung, es sei ein Kranich; er fand wie es war. Da rief er zornig seinen

Scharfrichter herbei und befahl ihm, dem Falken den Kopf abzuhauen, weil er seinen Herren getötet habe.«

Was in den grausamen Kämpfen mit Papsttum und Städten matt zu werden begann, der Glanz der kaiserlichen Persönlichkeit, bewährte sich noch einmal auf dem Kreuzzug, den er als Gebannter unternahm. Durch einen zehnjährigen Vertrag erhielt das Abendland Jerusalem zurück, mit Ausnahme des heiligen Bereiches von Omar-Moschee, Felsendom und Tempel Salomos. Ohne einen Schwertstreich, allein aufgrund seiner Persönlichkeit, gewann der Kaiser, was noch keiner vor ihm erreicht hatte. Dass der Papst dem Sultan eine Möglichkeit eröffnete, den Kaiser zu fangen und zu töten, belegt den abgrundtiefen Hass der Kirche auf den Erfolg des Staufers. Dass der Sultan diese Chance verschmähte und den Kaiser davon in Kenntnis setzte, zeigt eine andere Welt des Islam, an die wir uns gelegentlich erinnern sollten. Kein Wunder, dass der Kaiser nach dieser Erfahrung an die Könige und Fürsten Europas schrieb: »Lange genug war ich Amboss, jetzt will ich Hammer sein.«

Das Schicksal ist grausam zu den aus lichten Höhen herabstürzenden Staufern. Der Kaiser muss noch erleben, wie sein Lieblingssohn Enzio gefangen genommen wird. 23 Jahre wird er hinter Kerkermauern verbringen und dort den grauenhaften Untergang des staufischen Hauses durchleben: Der Kaiser stirbt 1250, König Manfred verliert die Krone Siziliens und 1266 in der Schlacht bei Benevent das Leben; zwei Jahre später wird der letzte Staufer, Konradin, auf dem Marktplatz von Neapel enthauptet. Nichts bleibt als der Spruch, mit dem das Volk von Palermo einst dem Dreijährigen bei der ersten Krönung zugejubelt hatte: »Christ ist Sieger, Christ ist König, Christ ist Kaiser« und der geometrische Traum von Castel del Monte, seinem persönlichen Sanssouci, halb Morgenland, halb Abendland. In Deutschland beginnt die kaiserlose, die schreckliche Zeit. In Italien dämmert die Morgenröte der Renaissance herauf.

650 Jahre später erscheint in Deutschland ein Roman, in dem der jüdische Schriftsteller Leo Perutz beschreibt, wie ein alter Baron mit Hilfe eines Rauschmittels einen durch die Jahrhunderte verborgen gebliebenen Nachfahren des Kaisers auf den Thron führen will. Doch die Bauern rufen nicht »Hosianna«, sondern »Kreuziget ihn« und zünden das Gutshaus an. Wenige Tage später wird Adolf Hitler Reichskanzler und das Buch verbrannt. Wer von den Bewunderern des Kaisers auf eine echte Erneuerung eines tausendjährigen Reiches gehofft hatte wie der Dichter Stefan George, erlebt den Triumph des Verbrechens. Zehn Jahre später wird Stauffenberg den vergeblichen Versuch machen, das Ideal des Bamberger Reiters durch die Tötung des Tyrannen zu erneuern. Noch einmal, ein letztes Mal, erhellt hier der staufische Zauber die deutsche Geschichte.

Der antirömische Protest 1 – Luther gegen Karl V.

Als die Kurfürsten nach dem Interregnum 1273 einstimmig den schwächsten der Vasallen Friedrichs, den Grafen von Habsburg, zum deutschen König wählen, ist das wie ein Atemholen. Das Reichsgut ist verschleudert, Italien und Burgund sind verloren und die Mitte des Kontinents ist inzwischen wirtschaftlich und kulturell hinter dem Westen, also England, Frankreich, Kastilien und Portugal, zurückgeblieben. Das Fehlen einer Hauptstadt und archaische Verwaltungsstrukturen behindern die weitere Entwicklung. Grundlage des Wohlstandes ist noch immer das Land, auch wenn die Bauern nur wenig davon besitzen. Drei Stände machen die Gesellschaft aus, Pfaffen, Ritter und Bauern, oder wie es in einem bischöflichen Mahnschreiben heißt: »Dreigeteilt ist das Haus Gottes, das man als Einheit glaubt: Die einen beten, die anderen kämpfen und andere arbeiten. Diese drei sind vereint und leiden keine Spaltung.« Das Schwert soll den Landmann schützen, doch es beginnt, ihn zu knechten. Die alte Ordnung reicht nicht mehr hin. Handel und städtisches Bürgertum beanspruchen ihren Platz, und die Hanse, ein Städte- und Kaufmannsbündnis, füllt das Machtvakuum, das der Untergang der Staufer hinterlassen hat. Ihr Schwerpunkt liegt im Norden und Osten, eben da, wo die kaiserliche Gewalt am schwächsten ist. Ihre Macht zehrt am Reich.

Rudolf I. wendet Aufmerksamkeit und Kraft notgedrungen vom italienischen Süden ab und dem Südosten des Reiches zu. So gewinnt er in der Auseinandersetzung mit König Ottokar von Böhmen Österreich und die Steiermark, und seine Nachfolger erringen auch das böhmische Kernland. Italien entrückt dem Reich noch mehr, nachdem mit der Schweizer Eidgenossenschaft ein neuer Riegel zwischen den Reichsteilen entsteht. Noch ist die Krone nicht bei den Habsburgern quasi erblich, und so wechseln in den nächsten zweihundert Jahren die Dynastien. Den Habsburger Kaisern folgen Luxemburger Kaiser, unterbrochen von einem Nassauer und einem Bayern, der das letzte Mal den Versuch unternimmt, mit Romzug und eiserner Langobardenkrone das staufische Erbe anzutreten und die Ghibellinen, die Parteigänger des Kaisers, in den oberitalienischen Städten zu stärken.

Doch das bleibt Romantik, ohne realpolitische Substanz. Die Zukunft des Reiches liegt diesseits der Alpen, im Südosten und im Osten, wo die noch von den Staufern privilegierten Deutschordensritter das spätere Preußen gründen. Und auch im Westen gelingt den Habsburgern und Luxemburgern die Ausbreitung ihrer Territorialmacht am Oberlauf von Rhein, Neckar und Donau. Das erste Mal entsteht auch so etwas wie eine Hauptstadt in Prag, wo Karl IV. 1348 die erste deutsche Universität gründet.

Aber schon wetterleuchtet am Horizont eine neue Spaltung der abendländischen Christenheit. In den Hussitenkriegen, die nach der Verbrennung des Ketzers Jan Huß ausbrechen, beginnen die späteren Schrecken des Dreißigjährigen Krieges schon Gestalt anzunehmen. Es ist in erster Linie ein Religionskrieg, aber auch eine nationale Auseinandersetzung zwischen Tschechen und Deutschen. Der letzte in Rom vom Papst gekrönte Kaiser, Friedrich III., legt durch seine Heiratspolitik schließlich die Grundlagen der neuen spanisch-deutschen Weltmonarchie. In seiner langen, von 1440 bis 1493 dauernden Regierungszeit handelte er nach dem später zum geflügelten Wort werdenden Motto: Andere führen Kriege, du aber, glückliches Österreich, heiratest.

Auch die Verfassung des von nun an »Heiligen Römischen Reiches Deutscher Nation« gewinnt in diesen Jahren feste Gestalt. Die 1356 als Reichsgrundgesetz erlassene Goldene Bulle regelt die Königswahl durch die drei geistlichen Kurfürsten (Mainz, Trier und Köln) und die vier weltlichen, den König von Böhmen, den Pfalzgrafen und die Kurfürsten von Brandenburg und Sachsen. Die Wahl soll künftig immer in Frankfurt, die Krönung in Aachen erfolgen. So ist das Reich ohne die Hausmacht seiner regierenden Kaiser zwar kaum noch Machtfaktor, aber immer noch Friedensordnung. Noch ist nicht entschieden, ob am Ende eine neue Staatlichkeit oder der Zerfall stehen werden. Diese Frage entschied erst die Reformation zugunsten des Zerfalls. Doch zuvor versuchte ausgerechnet ein mittelalterlicher Kaiser, der letzte Ritter, der Habsburger Maximilian, das Reich zu reformieren und ihm neue innere Festigkeit zu geben. Noch war es nicht zu einem rein metaphysischen Körper verkümmert, und die Einführung eines zentralen Reichsregiments als Exekutive der Reichsstände hätte sein Schicksal wenden können. Ein ewiger Landfriede, die Errichtung des Reichskammergerichts und die Einteilung in zehn Reichskreise zum Zwecke der Reichsverteidigung waren ein Anfang, um die *monarchia universalis* zu modernisieren, doch auch hier war die Kirchenspaltung mehr Abbruch als Aufbruch.

Das Heilige Römische Reich umfasste an der Schwelle zur Neuzeit, also etwa um 1400, die Mitte des europäischen Kontinents. Seine eher vage Grenze erstreckte sich laut Hagen Schulze »Von Holstein die Ostseeküste entlang bis etwa zum hinterpommerschen Stolp – hier begann das Herrschaftsgebiet des souveränen und reichsunabhängigen Deutschen Ordens – zog sich dann fast genau auf derselben Linie, die nach dem Ersten Weltkrieg Deutschland und Polen trennen sollte, gen Süden, umfasste Böhmen und Mähren sowie das Herzogtum Österreich und erreichte bei Istrien das Adriatische Meer. Die Reichsgrenze sparte Venedig und sein Hinterland aus, zog sich, die Toskana umfassend, nordwestlich des Kirchenstaates quer durch Norditalien und erreichte nördlich von Civitavecchia das Tyrrhenische Meer, dem sie bei Nizza wieder nordwärts entstieg. Sie dehnte sich westlich Savoyens, der Freigrafschaft Burgund, Lothringens, Luxemburgs und der Grafschaft Hennegau und erreichte an der westlichen Schelde, zwischen Gent und Antwerpen, die Nordsee. Manche Gebiete, etwa Norditalien, Savoyen, die Freigrafschaft Burgund und die aufrührerische Schweizer Eidgenossenschaft gehörten nur noch nominell dem Reich an, andere gehörten entschieden nicht zu jenen Kerngebieten, die damals als ›teutsche Lande‹ bezeichnet wurden: In Brabant und Teilen der Herzogtümer Lothringen und Luxemburg sprach man Französisch und in den Ländern der Wenzelskrone, also in Böhmen, Mähren und Schlesien, war deutsch im wesentlichen die Sprache der Städte – das Landvolk, aber auch Teile der Stadtbevölkerung sprachen tschechisch, in Schlesien auch polnisch.«

Und in dieses explosive Völkergemisch, das weit davon entfernt war, Nationalstaat zu sein, das keine Staatsnation hatte und kein Staat war, fiel jetzt der Funke der Glaubensspaltung. Ihr Beginn sieht die Konfrontation zweier Männer, die verschiedener nicht sein konnten: des Habsburgers Karl V., seit 1519 mit dem Geld der Fugger erwählter römisch-deutscher Kaiser, und des Augustiner-Mönches Martin Luther. Wenn Friedrich von Hohenstaufen der erste moderne Mensch auf dem Thron war, so Karl V. der letzte mittelalterliche Kaiser. Doch anders als bei Friedrich II., dessen wenige steinerne Porträts meist apokryph sind, besitzen wir von Karl die Bilder Tizians, die uns einen meist in schwarz gekleideten, entrückten, einsam in der Eiseskälte seiner hohen Berufung verharrenden Menschen zeigen, unbeweglich wie ein Idol, wie sein Großvater Maximilian erschreckt ausgerufen haben soll. Der Kulturhistoriker Egon Friedell, der die Habsburger nicht mochte, hat in den Bildern Tizians den Fluch dieses Geschlechts entdecken wollen, kein Herz besitzen zu dürfen. Doch es war wohl eher der Schmerz über die verlorene Einheit der Christenheit und die am Ende in seiner Abdankung gipfelnde Einsicht, dass alles umsonst war, »verlorene Siege«, wie die Erinnerungen eines deutschen Heerführers aus dem Zweiten Weltkrieg überschrieben sind.

Karl war von seiner Persönlichkeit wie von seiner Stellung her der klassische Konservative, ein verantwortungsethischer Traditionalist, unfähig zu begreifen, was in Luther vorging und was er wollte. Er hat bis zuletzt gezögert, die Reformation und den Protestantismus gewaltsam zu unterdrücken, und er hat das zugesagte freie Geleit für Luther zum und vom Reichstag in Worms gehalten, denn er wollte – wie er sagte – nicht auch schamrot werden wie sein Vorgänger Sigismund, der Jan Huß unter Bruch dieses Versprechens festnehmen und verbrennen ließ. Als bei Pavia 1524 die französische Armee vernichtet und der französische König Franz I. gefangen genommen wurde, verbot der Kaiser alle Jubelfeste, da der Sieg gegen Christen erfochten sei, und ordnete Prozessionen und Bittgottesdienste an. In vierzig Druckzeilen hat Karl V. den deutschen Ständen auf dem Reichstag in Worms sein Credo verkündet: Verteidigung des katholischen Glaubens, der geheiligten Zeremonien und heiligen Bräuche, wie es seine Vorgänger gehalten haben, »vivre et mourir à leur exemple«. Reformen ja, aber nur im wörtlichen Sinn als Rückführung auf die geheiligten Bräuche.

Auf der anderen Seite dieser welthistorischen Auseinandersetzung finden wir einen mittelalterlichen Mönch, keinen gebildeten Humanisten wie Erasmus, keinen geschmeidigen Diplomaten wie den päpstlichen Legaten Cajetan, sondern einen frommen Bauern, den nur eine Frage umtreibt: Wie gewinne ich einen gnädigen Gott, wie finde ich Erlösung und Seelenheil? und der es wörtlich meint mit dem biblischen »Was hülfe es mir, wenn ich die ganze Welt gewönne und nähme doch Schaden an meiner Seele?« Das Reich, die Türkengefahr, die Franzosen, Habsburg, die Wirkung seiner Lehre auf den sozialen Zusammenhalt der Gesellschaft – all das ist Luther gleichgültig, denn Politik interessiert ihn nicht, und Geschichte ist ihm unwichtig. Als die Bauern unter Hinweis auf ihn und seine Lehre politische und soziale Forderungen stellen, also die urchristliche Botschaft beim Wort nehmen, antwortet er mit seiner Schrift »Wider die räuberischen und mörderischen Bauern« und fordert, »dass sie erwürgt werden, wie tolle Hunde« – ein erstaunlicher Mangel an Empathie wie an geschichtlichem Verständnis.

Im Jahre 1511 reist Luther über Oberitalien nach Rom, doch er findet kein einziges Lobeswort für die Schönheit der Kunstwerke oder die Ehrwürdigkeit der antiken Bauten. Am Kölner Dom und am Ulmer Münster interessiert ihn ausschließlich die schlechte Akustik und am Rom der Päpste das darin verbaute Geld aus Deutschland. In der Persönlichkeit Luthers manifestiert sich schon, was später den Protestantismus ausmacht – das Wort und die Musik. Es fehlen der Sinn für Schönheit und Anmut, was Nietzsche zu dem Verdikt veranlasste: »Die Deutschen haben Europa um die letzte große Kulturernte gebracht, die es für Europa heimzubringen gab – die Renaissance«, und Gottfried Benn ähnlich hart urteilen ließ: »Die Reformation, das heißt das Niederziehen des 15. Jahrhunderts, dieses riesigen Ansatzes von Genialität in Malerei und Plastik zugunsten düsterer Tölpelvisionen – ein niedersächsisches Kränzchen von Luther bis Löns! Protestant, – aber Protest immer nur gegen die hohen Dinge.«

Das lutherische Aufbegehren ist reinste Gesinnungsethik, die Folgen für die Welt und das Reich interessieren ihn nicht: »Wenn ich nicht durch Zeugnisse der Schrift und klare Vernunftgründe überzeugt werde – denn ich glaube weder dem Papst noch den Konzilien allein, da es am Tag ist, dass sie des öfteren geirrt und sich selbst widersprochen haben –, so bin ich durch die Stellen der Heiligen Schrift, die ich angeführt habe, überwunden in meinem Gewissen und gefangen in dem Worte Gottes. Daher kann und will ich nichts widerrufen, weil wider das Gewissen etwas zu tun, weder sicher noch heilsam ist. Gott helfe mir, Amen!«

Luther, so sieht es Egon Friedell, »war in seiner seelischen Grundstruktur noch eine durchaus mittelalterliche Erscheinung. Seine ganze Gestalt hat etwas imposant einheitliches, hieratisches, steinernes, gebundenes, sie erinnert in ihrer scharfen und starren Profilierung an eine gotische Bildsäule. Sein Wollen war von einer genialen dogmatischen Einseitigkeit, schematisch und gradlinig, sein Denken triebhaft, affektbetont, im Gefühl verankert: Er dachte gewissermaßen in fixen Ideen. Er blieb verschont von dem Fluch und der Begnadung des modernen Menschen, die Dinge von allen Seiten, sozusagen mit Facettenaugen betrachten zu müssen«.

Er ähnelte dem Kaiser mehr, als er wusste: Auch er wollte zurück zur mittelalterlichen Frömmigkeit und der Entartung und Verweltlichung ein Ende bereiten, auch er bezweifelte den seichten Optimismus der Humanisten und sah in den irdischen Dingen den ewigen Kampf zwischen Gut und Böse, nur war sein Wirken revolutionär, wo das des Kaisers konservativ war. Und noch etwas trennte ihn vom Kaiser: »Die menschlichen Dinge bedeuten ihm mehr als die göttlichen« hat er über Erasmus gesagt, was als Tadel gemeint war; über den Kaiser gesprochen, ist es ein Lob. Denn Luthers Unbedingtheit, sein »Hier stehe ich, ich kann nicht anders« vererbte sich weiter in der deutschen Geschichte und hatte Folgen, die ein kluger Beobachter der deutschen Dinge in den Satz kleidete: »Das deutsche Volk nimmt die ideellen Dinge nicht als Fahne wie andere Völker, sondern um einige Grade wörtlicher als sie und die realen um ebensoviel zu leichtsinnig«; oder wie Goethe es in »Dichtung und Wahrheit« formulierte: »Uns war es darum zu tun, den Menschen kennen zu lernen; die Menschen überhaupt ließen wir gerne gewähren«.

Dazu passt, dass Luther mit der Bibelübersetzung im Idealen aufgebaut, was er mit der Reichszerstörung im Realen eingerissen hat. Denn nach dem Ende der Religionskriege gab es zwar kein funktionsfähiges politisches Deutschland mehr, aber eine Sprachnation als Grundstein für ein neues deutsches Haus, sozusagen ein »inneres Reich« aus idealistischer Philosophie und der späteren Weimarer Klassik. Luther hat aus der sächsischen Kanzleisprache und dem Idiom seiner Nachbarn eine neue kraftvolle und ausdrucksstarke Hochsprache geformt, die noch gesprochen werden wird, wenn die evangelischen Landeskirchen längst Geschichte sein werden.

1517 hatte Luther seine 95 Thesen an die Schlosskirche von Wittenberg geschlagen, 1521 waren päpstlicher Bann und Wormser Edikt, also die Reichsacht, gegen ihn und seine Schriften verhängt worden, 1526 hatte der Kaiser, der Krieg gegen Frankreich führte und dem der Bauernkrieg noch in den Knochen steckte, auf dem Speyerer Reichstag die Religion den Fürsten überlassen. Als er das 1529 beim zweiten Speyerer Reichstag rückgängig machen wollte, kam es zur Protestation der nun schon evangelischen Reichsstände. 1530 wird die neue Kirche ohne Papst, Hierarchie und die objektive Verwandlung von Wein und Brot, dafür mit Laienkelch, Priesterehe und der Messe in der Volkssprache reichsrechtlich als Augsburger Konfession anerkannt. Noch einmal versucht der Kaiser danach, das Rad zurückzudrehen. Doch der Sieg bei Mühlberg 1547 über den protestantischen Schmalkaldischen Bund kommt zu spät. Das erste Mal verbündet sich mit dem Kurfürsten Moritz von Sachsen ein Reichsfürst mit dem französischen König gegen das Reich, ein trüber Ausblick auf die Zeit nach 1648.

1555 kommt es schließlich in Augsburg zum Religions- und Landfrieden, der bis 1618 halten wird und Deutschland konfessionell teilt. Nicht die Untertanen, der Landesherr bestimmt über die Religion, *cuius regio eius religio* sollte man das nennen, auch wenn der Satz nirgendwo geschrieben steht. Wer damit nicht leben will, hat das Recht zur Auswanderung. Nicht der Kaiser ist länger der Schutzschild der Kirche, sondern die Reichsstände sind die Garanten einer eingeschränkten Glaubensfreiheit. Doch diese Freiheit ist teuer erkauft mit der Verstaatlichung der Kirche und ihres Gutes durch evangelische wie katholische Fürsten. Staatskirchentum wird das später heißen. An die Stelle des wohlgeordneten Kosmos der mittelalterlichen Weltordnung mit dem kunstvollen Stufenbau weltlicher und geistlicher Sphären ist das Chaos rein säkularer Machtinteressen getreten. Das mittelalterliche Kaisertum ist zu Ende, und Karl V. verdämmert seine letzten Jahre in einem spanischen Kloster.

Wenn das Reich dennoch einen verhältnismäßig langen Zeitraum einen unsicheren Frieden genießt, dann verdankt es das der Schwäche seiner Nachbarn, besonders Frankreichs, das durch die Kämpfe zwischen den Hugenotten und der katholischen Liga gefesselt ist. Mit den Hugenotten tritt der linke, kämpferische Flügel des Protestantismus, der Calvinismus, in die europäische Geschichte. Von ihm geht auch neue Unordnung in Deutschland aus, da er in Augsburg nicht berücksichtigt wurde. Häufige Religionswechsel mit gewaltsamen Auseinandersetzungen auch zwischen Lutheranern und Calvinisten sind die Folge. Schließlich sammeln sich die Calvinisten in der protestantischen Union, der die Katholiken wie in Frankreich eine Liga entgegenstellen.

Der Dreißigjährige Krieg beginnt in Böhmen, im Herzland der Habsburger, das die Calvinisten und ihr Führer, der Pfalzgraf, nach dem Tod des kinderlosen Kaisers Matthias dem alten Glauben entreißen und damit die katholische Mehrheit im Kurfürstenkollegium brechen wollen. Es sind eigentlich mehrere Kriege, immer wieder unterbrochen von Perioden relativer Ruhe. Zu Beginn geht es um Böhmen, später um Deutschland, am Ende um Europa. Den von den protestantischen böhmischen Ständen erwählten Pfalzgrafen besiegt ein kaiserliches Heer in der

Schlacht am Weißen Berge. Um die Überwältigung des Protestantismus zu verhindern, tritt Dänemark an die Spitze der deutschen calvinistischen Protestanten. Als seine Kraft zu erlahmen droht, rettet Schweden die sogenannte protestantische Sache auch gegen den Willen der protestantischen Brandenburger und Sachsen, und als auch dessen Kraft nachlässt, greift das wieder erstarkte Frankreich unter Richelieu an der Seite Schwedens in den Krieg ein, während auf der Seite Habsburgs die Spanier durch Deutschland ziehen.

Je länger der Krieg dauert, desto europäischer wird er und desto weniger geht es um Religion und Glaubensfreiheit. Mochte das für Gustav Adolf, den frommen Lutheraner, noch der Hauptantrieb sein, so zählt für Kardinal Richelieu nach dem Tode des Königs bei Lützen allein die französische Staatsraison, und die ist antihabsburgisch und deshalb an der evangelischen Freiheit nur insoweit interessiert, wie diese den Interessen der katholischen französischen Monarchie nützt. Der Krieg, der am Ende in eine allgemeine Schlächterei ausartet, der in Deutschland ein Drittel der Bevölkerung, in manchen Gebieten wie der Mark Brandenburg sogar mehr als die Hälfte zum Opfer fällt, hat nichts Heroisches, kennt keine großen Taten, nur Mordbrennerei, Raub und Plünderungen wie die Zerstörung Magdeburgs. Die Schweden allein sollen fast zweitausend Schlösser, achtzehnhundert Dörfer und über fünfzehnhundert Städte zerstört haben. Böhmen verlor fünf Sechstel seiner Dörfer und drei Viertel seiner Bevölkerung. Die Bevölkerung von Colmar sank auf die Hälfte, die von Wolfenbüttel auf ein Achtel, die von Magdeburg auf ein Zehntel, die von Hagenau auf ein Fünftel und die von Olmütz auf weniger als ein Fünfzehntel. Auch wenn manche Historiker die Exaktheit dieser Zahlen bezweifeln, der

Aderlass war gewaltig. Die Bevölkerung Marburgs, das zwölf Mal besetzt war, schrumpfte auf die Hälfte zusammen, die städtischen Schulden vergrößerten sich auf das Siebenfache; zweihundert Jahre später zahlten die Bürger noch immer Zinsen für die während des Krieges aufgelegten Anleihen. Bis zu zweihundert Schiffe waren vor 1621 jährlich aus den Häfen Ostfrieslands über den Sund gesegelt; im letzten Jahrzehnt des Krieges war der Jahresdurchschnitt zehn.

Zwar bringt auch dieser Krieg einige große Gestalten hervor, so den von den Protestanten als Licht des Nordens verehrten Schwedenkönig oder den düster-melancholischen Glücksritter Wallenstein, dessen Palais in Prag noch heute von seinem erlesenen Geschmack zeugt und dessen undurchsichtiges, von Sterndeutern beeinflusstes Verhalten vor und nach seinem Tod Anlass bot für allerlei Spekulationen über einen dritten Weg zwischen Habsburg und französischem Geld, über ein deutsches Nationalkönigtum mit ihm als dem ersten einer neuen Dynastie. Doch für die leidenden Menschen ist der Krieg so grausam und sinnlos wie ihn Grimmelshausen in seinem »Simplicissimus« geschildert hat oder später mit neuen, aber ganz ähnlichen Erfahrungen Bertolt Brecht in seiner »Mutter Courage«. Zu guter letzt wird Frieden geschlossen, weil die Erschöpfung allgemein ist, weil nichts mehr da ist zu plündern, weil nicht bestellte Felder und verlassene Dörfer die Soldaten nicht ernähren können.

Am Ende dieses gnadenlosen Ringens steht ein Friede, der die Verfassung des Reiches zu einer von Frankreich und Schweden garantierten europäischen Angelegenheit macht. Im Inneren erhalten die Fürsten die volle Landeshoheit und können Bündnisse untereinander und mit ausländischen Mächten schließen. Die Reichsinstitutionen werden paritätisch von Katholiken und Protestanten besetzt, die getrennt über die Reichsangelegenheiten beraten und folglich nicht mehr majorisiert werden können. Das Reich – so hat es der schwedische Kanzler Oxenstierna, einer der Architekten der neuen Ordnung, ausgedrückt – ist künftig eine Anarchie, die durch die Hand des Herren erhalten wird. Es ist der weiche Kern des europäischen Staatensystems, dessen Glieder wie die Gewichte auf der Waage das Gleichgewicht zwischen den Flügelmächten England, Frankreich, Schweden, Russland und dem Osmanischen Reich ausbalancieren.

All diese Staaten konnten an einer starken Mitte, einer staufischen oder habsburgischen Wiedergeburt kein Interesse haben, weshalb der spätere französische Ministerpräsident Thiers noch 1866 formulierte, dass das oberste Prinzip europäischer Politik darin besteht, dass sich Deutschland aus unabhängigen Staaten zusammensetzt, die nur durch einen losen föderativen Faden verbunden sind. Es ist deshalb nur zu verständlich, wenn der britische Premier Disraeli am Ende des 19. Jahrhunderts die Bismarcksche Reichsgründung, also die Überwindung der völkerrechtlichen Ordnung von 1648, als die größte Revolution im 19. Jahrhundert bezeichnet hat, größer als die französische. Aber das allergrößte Wunder ist die Tatsache, dass diese Ordnung bis zum Jahre 1806 hielt, von den Juristen ehrfürchtig als ein Monstrum bewacht. »Das liebe heilige Römische Reich, wie hält's nur noch zusammen«, singen in Goethes »Faust« die Studenten in Auerbachs Keller. Es hielt, weil alle anderen wollten, dass es halte. Erst Napoleon beendete mit einem Federstrich das vertraute Gebilde. Er glaubte, es nicht mehr nötig zu haben, da er selbst die Rolle Karls des Großen, Friedrichs von Hohenstaufen und Karls V. zu Ende spielen wollte. Dass er damit die Grundlage für die deutsche Einheit unter Preußens Führung legte, hat ihm ein berühmter französischer Geschichtsschreiber – Jacques Bainville – im Jahre 1915 vorgehalten, als Frankreich gegen das neue Deutschland um sein Überleben kämpfte und sich nach der in Münster und Osnabrück begründeten Ordnung zurücksehnte.

Der antirömische Protest 2 – Friedrich gegen das Reich

Abenddämmerung des Reiches hat man die Jahre vom Westfälischen Frieden 1648 bis zur erzwungenen Abdankung des letzten deutsch-römischen Kaisers im Jahre 1806 genannt. Noch immer bot es 314 reichsunmittelbaren Territorien und Städten, den vielen kleinen Fürsten, Grafen und Äbten, den Reichsrittern und Reichsstädten, die oft nicht mehr als große Dörfer waren, Schutz. Doch die Zukunft gehörte den Fürsten mit großen zusammenhängenden Territorien. Nachdem der Krieg Handel und Wandel zerstört und damit auch die Anfänge eines reichsstädtischen Bürgertums in den Renaissance-Städten des deutschen Südens hatte verdorren lassen, traten die Fürsten an dessen Stelle. Was im Westen Europas wie in Amerika langsam zu Ende ging, das aristokratische Zeitalter, erlebte im wirtschaftlich geschwächten Deutschland eine neue Blüte. Während in Amerika erst der Einzelne und dann die Gesellschaft vor dem Staat da waren, wurde in Kontinentaleuropa der Wiederaufbau mangels bürgerlicher Gesellschaft nach dem Dreißigjährigen Krieg eine Sache der Fürsten, des Staates, der Obrigkeit. Während in Amerika jeder für sich und nur ein individueller Gott für alle da war, wurde der Staat in Kontinentaleuropa Ausgang und Ziel des gesellschaftlichen Baus. Nicht der ins Unbekannte vorstoßende landhungrige Kolonist baute das Land auf, sondern die französischen Könige und ihre habsburgischen und preußischen Vettern haben es nach den Verwüstungen der Religionskriege wieder errichtet – der noch heute virulente Merkantilismus von Chirac und Sarkozy hat hier seine Wurzeln. In Preußen wie in Hessen haben die Fürsten das Land mit Glaubensflüchtlingen »peupliert«, und der große Friedrich hat das Oderbruch trocken gelegt. Nachdem die ungezähmte religiöse Intoleranz Europa verwüstet hatte, wurde der persönliche Gott an den Staat gebunden, um ihn gesellschaftsverträglich zu machen. Anfangs haben sich viele gegen diese Einvernahme einer schwachen Gesellschaft durch den Staat gewehrt, später haben sie die neue Autorität gegen die Anarchie individueller Überzeugungen verteidigt und dem Staat auch dort gedient, wo er nicht ganz ihren Vorstellungen entsprach.

Wenn heute die Selbstverantwortung des Einzelnen eingeklagt und die Staatsgläubigkeit der kollektivistisch-sozialisierten Untertanen beklagt wird, übersieht man gern, dass auch diese Verformung staatlicher Fürsorge zu Zwang nur das letzte Glied in der Kette einer jahrhundertealten Tradition war, die mit Maria Theresias Sittenpolizei nicht begonnen und mit Bismarcks Sozialpolitik nicht geendet hat. Europa ist von seinen Fürsten gebaut, Amerika von seinen Bürgern besiedelt worden. Dass zwischen Paris und Moskau mehr Schlösser, Theater, Galerien und Parks entstanden sind als im Rest der Welt mit der Ausnahme vielleicht von Hindustan und einem Teil Chinas, ist die andere Seite einer Medaille, die heute manche für einen Mentalitätswechsel eintauschen möchten.

Zwei Landesherrschaften ragen hier besonders hervor, das katholische Habsburg und das protestantische Preußen. Nachdem der protestantische Norden Habsburg verschlossen war und Schweden wie Polen zunehmend schwächer wurden, stieß Brandenburg-Preußen in das Machtvakuum, erst durch wechselnde Bündnisse unter dem Großen Kurfürsten, dem Ahnherren des brandenburgisch-preußischen Aufstiegs durch seinen Sieg über die Schweden bei Fehrbellin im Jahre 1675, dann durch die viel belächelte Annahme der Königswürde durch Friedrich I. und schließlich durch das Schmieden eines perfekten Eroberungswerkzeugs, der preußischen Armee, durch den Soldatenkönig. Über die Annahme der Königswürde hat niemand härter geurteilt als Friedrich II., der in der »Geschichte des Hauses Brandenburg« über seinen Großvater schrieb: »Er verwechselte Eitelkeiten mit echter Größe. Ihm lag mehr an blendendem Glanz als an Nützlichem, das bloß gediegen ist. Er begehrte die Königskrone nur deshalb so heiß, weil er seinen Hang für das Zeremoniöse befriedigen und seinen verschwenderischen Prunk durch Scheingründe rechtfertigen wollte.«

Dennoch erwies sich der »Kauf« als eine gute Investition: Sie verschaffte den Nachfolgern, so auch Friedrich selbst, die Legitimation für den Anspruch auf eine führende Rolle des rangerhöhten Staates. Preußen, so sieht es sein jüngster Biograph, war sozusagen das »Logo«, das sich die brandenburgischen Kurfürsten zulegten, nachdem sie 1701 zu Königen aufgestiegen waren. Der eigentliche Kern, die eigentliche Essenz der preußischen Tradition war mithin das Fehlen einer Tradition. So hatte Friedrich II., als er 1740 zur Regierung kam, alle materiellen Voraussetzungen, ein großer König zu werden.

Parallel dazu stieß Habsburg in den nach dem großen Sieg über die Türken vor Wien 1683 offen liegenden Südosten des Kontinents vor. Zwar gingen im Westen Straßburg und Metz an Frankreich verloren, aber dafür wurde im Osten Belgrad gewonnen. Doch während die Verluste dem machtlosen Reich zugeschrieben wurden, waren die Siege des edlen Ritters Prinz Eugen, des blauen Kurfürsten Max Emanuel von Bayern und des Türkenlouis, des Markgrafen von Baden, die Siege Österreichs, das auch kulturell noch einmal in den glanzvollen Kaiserherbergen entlang der Donau von Sankt Florian bis Melk und Göttweig auftrumpfte. Doch bereits in der Auseinandersetzung mit Frankreich im Spanischen Erbfolgekrieg war der kaiserliche Feldherr Eugen nur Sekundant eines Stärkeren, des englischen Herzogs von Marlborough, mit dessen Namen die Siege von Blenheim, Ramilles und Malplaquet untrennbar verbunden sind.

Als im Jahre 1740 das Haus Habsburg im Mannesstamm erlosch, konnte sich die Kaisertochter kaum auf jene Pragmatische Sanktion verlassen, mit der ihr Vater ihre Anerkennung durch die europäischen Staaten gesichert zu haben glaubte. Es wurde die Stunde der Abenteurer, deren genialster Friedrich II. war. Seine Taten, sein Erbe und beider Bedeutung sind bis zum Verlust des Reiches in den Bunkern der Reichskanzlei 1945, wo sein Porträt der einzige Schmuck in Hitlers Räumen war, der zentrale Bezugspunkt der deutschen Geschichte gewesen. Neben Friedrich hat nur noch Bismarck eine ähnliche Aufmerksamkeit erfahren. Beide wurden Opfer der deutschen Katastrophe zwischen 1933 und 1945. Doch der Preußenkönig ist längst zurückgekehrt, nicht nur als Denkmal unter die »Linden« und zur ewigen Ruhe nach Sanssouci, sondern auch in das deutsche historische Bewusstsein, soweit es ein solches gibt. Er ist wieder der Große und eine Lichtgestalt preußisch-deutscher Geschichte. Schon weil der Sozialismus versucht hatte, Preußen, seine Könige und ihre Bauten dem historischen Vergessen zu überantworten, ist eine Revision angebracht und richtig. Die Frage ist, wie diese Revision beschaffen sein muss, um der Persönlichkeit Friedrichs, aber auch unseren historischen Erfahrungen gerecht zu werden. Denn Friedrichs Persönlichkeit bleibt eine deutsche Verführung, gegenüber der wir wenig Widerstandskraft in unserer Geschichte gezeigt haben. Es ist schon erstaunlich, wenn ein deutscher Sozialdemokrat beim Festakt zur 1000-Jahrfeier der Stadt Potsdam formuliert: »Was Friedrichs Größe ausmacht ist dies: Seine desillusionierte, sarkastisch-ironische Humanität, sein Gerechtigkeitssinn und seine Verachtung für aufgespreizte Dummheit und dünkelhaftes Gehabe.«

Friedrich ist nun offensichtlich auch für Sozialdemokraten ein Neuruppiner Bilderbogen, gefügt aus der Toleranz des Philosophenkönigs, den preußischen Tugenden, des ersten Dieners seines Staates und der sozialen Gesinnung eines Vorläufers der deutschen Sozialdemokratie. Einwände hiergegen gab es schon früher. Vergessen scheint, was Lessing, der dem König keine Beförderung zu verdanken hatte, an seinen Freund Nicolai schrieb: »Sonst sagen Sie mir von Ihrer Berlinischen Freiheit zu denken und zu schreiben ja nichts! Sie reduciert sich einzig und allein auf die Freiheit, gegen die Religion so viele Sottisen zu Markte zu bringen als man will ...«. Vergessen scheint auch, was der König selbst zu den preußischen Tugenden zu Papier brachte. Auf das Gesuch einer Beamtenwitwe um eine Pension gab er uns die schriftlich erhaltene staatserhaltende Bemerkung: »Ich habe den Esel an die Krippe gebunden, warum hat er nicht gefressen?« Und auf das Gesuch eines in Not geratenen Dieners schrieb er: »Der Dummkopf! Ich hatte ihn an die Raufe gestellt, warum zog er sich kein Heu heraus?« Theodor Schieder, sein berühmter, ihn preisender Biograph hatte schon recht, wenn er schrieb: »Seine Gefühlskälte und sein Zynismus waren oft erschreckend.«

Friedrichs Eintritt in die preußisch-deutsche Geschichte im Jahre 1740 bestätigt dieses Urteil. Wie würde man im Privatleben eine Handlungsweise beurteilen, die darauf hinausläuft, dass man die Tochter des Mannes, der einem das Leben gerettet hat, kurz nach dessen Tod auf der Straße überfällt und ausraubt. Gewiss, Vergleiche hinken und Staatsraison ist mit Privatmoral nicht ohne weiteres vergleichbar. Wer an Preußens deutsche Sendung glaubte, für den war dieser Raub eine Notwendigkeit, die Notwendigkeit der aufsteigenden, aufstrebenden Macht. Und doch ist es selbst Bewunderern Friedrichs schwer gefallen, Raub und Annexion Schlesiens zu verteidigen. Thomas Mann hat darüber 1916 in seiner Verteidigungsschrift des deutschen Überfalls auf Belgien »Friedrich und die große Koalition« zu recht bemerkt: »Chronisten und Kritiker, welche vor allem ritterlich empfanden, haben dieses Verhalten immer abscheulich genannt.« Der englische Historiker und Friedrich-Biograph George P. Gooch hat den Raub Schlesiens zusammen mit der Teilung Polens zu den sensationellen Verbrechen der Geschichte der Neuzeit gerechnet. Denn es war eben nicht nur eine Frage privater Moralität gegenüber der Kaisertochter Maria Theresia, deren Vater Friedrich vor dem rasenden Zorn des eigenen Vaters bewahrt hatte. Als der Kronprinz im Jahre 1730 mit Hilfe seines Freundes Katte einen schnell vereitelten Fluchtversuch unternahm, büßte Katte diese Desertion mit seinem Leben, während der zukünftige Reichsfürst auch aufgrund der Intervention Karls VI. mit dem seinen davonkam. Das 18. Jahrhundert hatte sich um die Entwicklung des Völkerrechts bemüht, das eine rechtsgrundlose Annexion unmöglich machen sollte. Selbst die zutiefst ungerechten »Reunionen« Ludwigs XIV., denen auch Straßburg zum Opfer fiel, wurden mit Rechtstiteln begründet, weil nicht einmal der Sonnenkönig sich nackten Raub leisten zu können glaubte. Und gemeinsam hatten die europäischen Staaten – Preußen an der Seite des Prinzen Eugen und Marlboroughs – in einem langen Krieg den Rechtsbruch der Einverleibung Spaniens durch Frankreich mit den Waffen zurückgewiesen. Friedrich hatte mit seinem Verhalten die Uhr zurückgedreht und den mühsamen Prozess der Zivilisierung von Gewalt abgebrochen. Er war sich über den Charakter seines Tuns durchaus im Klaren. Den Versuch seiner Diplomaten, einen Rechtstitel zu finden, bedachte er mit der Randbemerkung: »Bravo, das ist die Arbeit eines trefflichen Scharlatans.« Und dem französischen Gesandten sagte er: »Melden Sie Ihrem Herrn, dass ich sein Spiel spielen und, wenn ich gute Karten kriege, den Gewinn mit ihm teilen werde.«

Es lässt sich nicht leugnen, dass dieser Gewaltakt erneut etwas Amoralisches in die europäische Politik bringt. Friedrich verachtete religiöse, juristische und humanitäre Hemmungen. Als Handlungsmaxime formulierte der Dreißigjährige: »Als Grundgesetz der Regierung, des kleinsten wie des größten Staates, kann man den Drang zur Vergrößerung betrachten.« Seinem Freund Jordan nennt er auch seine Motive: »Meine Jugend, die Glut der Leidenschaft, der Ruhmesdurst, ja selbst die Neugier, um Dir nichts zu verhehlen, kurz ein geheimer Instinkt hat mich den Freuden der Ruhe entrissen. Die Genugtuung, meinen Namen in den Zeitungen und später in der Geschichte zu wissen, hat mich verführt.« Und ein Jahr später in der »Geschichte meiner Zeit«: »Der Besitz schlagfertiger Truppen, eines wohl gefüllten Staatsschatzes und eines lebhaften Temperaments, das waren die Gründe, die mich zum Krieg bewogen.« Dass er Maria Theresia – während seine Truppen bereits marschierten – durch seinen Gesandten mitteilen ließ, dass er nicht die Absicht habe, sie anzugreifen, rundet nur das Bild des Verfassers des »Antimachiavell« ab. Noch einmal: Historische Vergleiche hinken – und dennoch: Haben wir Schlesien anders verloren als wir es gewonnen haben?

Kann man über die Annexion Schlesiens, was die Rechtmäßigkeit anlangt, kaum streiten, so hat der Beginn des Siebenjährigen Krieges 1756 unterschiedliche Deutungen erfahren. Friedrichs Überfall auf Sachsen ist von den einen als notwendiger Präventivschlag, also als Ausbruch aus der Einkreisung gesehen worden, andere haben auch hierin allein das Ziel territorialer Vergrößerung erblickt. Friedrich selbst hatte 1752 in seinem »Politischen Testament«, auf dem Bismarck 130 Jahre später noch »Dauernd geheim halten« vermerkte, davon geträumt, dass Preußen Sachsen und Westpreußen erobern müsse. Allerdings hatte er diese Eroberungen an Bedingungen geknüpft, die 1756 nicht vorlagen. Doch auch der preußische Historiker Delbrück, ein Bewunderer Friedrichs, kommt in seiner Studie über den Siebenjährigen Krieg zu dem Ergebnis: »Friedrich hat ... mit der tiefsten Verschlagenheit auf einen großen Krieg hingearbeitet, der seinem Staate Sachsen und Westpreußen bringen sollte.«

Der Streit der Meinungen kann hier dahingestellt bleiben, denn auch im Fall des Präventivschlages war Friedrichs Politik unter diplomatischen wie politischen Gesichtspunkten verheerend. Er hatte das für unmöglich Gehaltene, ein Bündnis Habsburgs mit Frankreich, zustande gebracht und dafür mit England einen Partner gewonnen, der an einer Entscheidung in Nordamerika und nicht in Europa interessiert war. War die Annexion Schlesiens nach dem Wort Talleyrands ein Verbrechen, so war der Überfall auf Sachsen mehr als das – nämlich eine Dummheit. Die Art und Weise der Behandlung Sachsens ist damals so einhellig verurteilt worden wie zuvor die Annexion Schlesiens. Thomas Mann schrieb in der schon erwähnten Rechtfertigungsschrift: »Von dem Lärm, der sich über diesen unerhörten Friedens- und Völkerrechtsbruch in Europa erhob, macht man sich keine Vorstellung.« Friedrich besetzte das Land, schoss – 180 Jahre vor den anglo-amerikanischen Bombengeschwadern – die Dresdener Altstadt in Brand, ließ das Staatsarchiv unter Androhung körperlicher Gewalt gegen die in Dresden zurückgebliebene Königin abtransportieren und zwang die in Pirna eingekesselte sächsische Armee unter preußische Fahnen.

Wieder hatte er ein neues Element in die deutsche Politik eingeführt: »Das ständige Roulettespielen mit unzureichenden Mitteln, das Hasardieren, das Alles-auf-eine-Karte-setzen, das Glück-haben-müssen, der ständige Gedanke an Gift und Dolch, wenn es schief geht, die permanente Überanstrengung« (Augstein). Mit Friedrichs drittem Schlesischen Krieg stellte er sein Glück allein auf den Erfolg der Waffen. Nirgendwo anders, so urteilt der englische Historiker Gooch, hat sich damals der Glaube an die Waffen als das natürliche Mittel, Streitigkeiten auszutragen, durchgängigerer Achtung erfreut, wurde die Drohung mit dem Krieg als einem Instrument der Politik so systematisch angewandt, bestand so wenig Gefühl für internationale Zusammenarbeit. »Ich habe Europa mit der Seuche des Krieges angesteckt«, schrieb Friedrich 1742 an Voltaire.

Dass er in diesem Krieg nicht unterging, verdankte er allein dem glücklichen Umstand des rechtzeitigen Todes der Zarin Elisabeth, seiner eingeschworenen Feindin, und dem Regierungsantritt des Friedrich-Bewunderers Peters III. Gewiss hat Jacob Burckhardt recht, wenn er in seinen »Weltgeschichtlichen Betrachtungen« über Friedrich in diesem Krieg schreibt: »Schicksale von Völkern und Staaten, Richtungen von ganzen Zivilisationen können daran hängen, dass ein außerordentlicher Mensch gewisse Seelenspannungen und Anstrengungen ersten Ranges in gewissen Zeiten aushalten könne. Alle seitherige mitteleuropäische Geschichte ist davon bedingt, dass Friedrich der Große dies von 1759 bis 1763 in supremem Grade konnte.« Aber auch dieses Urteil steht und fällt mit dem für Friedrich gerade noch rechtzeitigem Tod der Zarin. Ein Jahr später wäre Preußen als Staat vernichtet gewesen.

Man kann Friedrich nicht die Fehler oder gar Verbrechen seiner Nachfolger zurechnen, aber dennoch: Auf das Wunder des Hauses Brandenburg hofften auch Hitler und Goebbels im Bunker, als sie vom Tode Roosevelts erfuhren. Und schon Thomas Mann verglich den deutschen Überfall auf Belgien im Jahre 1914 mit Friedrichs Überfall auf Sachsen – ein durchaus zulässiger Vergleich, wenn man die Motive untersucht. In beiden Fällen hatten sich Preußen und Deutschland diplomatisch isoliert, waren von einem Ring von Feinden umgeben, aus dem sie auszubrechen versuchten, in beiden Fällen unter Bruch des Völkerrechts. Wilhelm II. hoffte wie Friedrich, dass den Sieger niemand zur Verantwortung ziehen würde. Doch Hasardieren ist keine Politik, und was Friedrich mit Glück gelang, misslang 1918 und endete 1945 in einer Katastrophe. Bismarck hat schon gewusst, warum er die Deutschen immer wieder vor der Konstellation des dritten Schlesischen Krieges gewarnt hat und das Suchen nach Verbündeten zum Herzstück seiner Außenpolitik machte. Denn auch nach dem glücklichen Ausgang des Siebenjährigen Krieges war Preußen gefährdet wie kein anderer europäischer Staat. Es bleibt die historische Frage, ob Friedrich mit dem Rückgriff auf die reine Macht nicht das Lebensgesetz Preußens formulierte. Resultierte die Radikalität von Friedrichs Handeln aus der Ausnahmesituation eines Staates, für die es keine Parallele gab, so war eben diese Radikalität die Ursache für die dauernde Gefahr des Untergangs, in die er sich selbst und seinen Staat stürzte.

Erst die folgenden Generationen konnten Preußen jene Legitimität verschaffen, die den Bestand des Staates sicherten, auch wenn ein bleibendes Gefühl der Verwundbarkeit die politische Kultur Preußens bis zu seinem Ende prägen sollte. Kunstliebende Fürsten, aufgeklärte Adelige, Hugenottensprösslinge und emanzipierte geistvolle Jüdinnen schufen in den fünfzig Jahren nach Friedrichs Tod ein märkisches Arkadien, das man als späte Rechtfertigung für Friedrichs Eroberungen ansehen kann. So haben schließlich der preußische Klassizismus und Fontane mehr für die Stabilität dieses Staatswesens getan als die Eroberung Schlesiens. Doch trotz dieser kulturellen Leistungen bleibt der Satz des Historikers Erdmann gültig, dass es keine preußische Idee gab, mit der dieser Staat – anders als Frankreich, England oder auch Spanien – in die Welt hätte hinauswirken wollen. Was man Preußen schließlich verzieh, solange es dauerte, hat man Deutschland nie verziehen. Friedrichs Legitimation war das Recht der aufsteigenden Macht, das Recht des Stärkeren. Auf eine fast naive Weise hat Gerhard Ritter, der Historiker Preußen-Deutschlands, dies belegt. Hieß es in der ersten Auflage seines Friedrich-Buches 1936 noch: »Er (Friedrich) hat damit den Grund für die Größe Preußens gelegt; und so ist seine Tat vor der Geschichte gerechtfertigt«, so stand da 1954: »Er hat damit den Grund für die Größe Preußens gelegt; und solange dessen Aufstieg dauert, konnte seine Tat als gerechtfertigt vor der Geschichte erscheinen.«

Im ersten Schlesischen Krieg hatte Friedrich die wertvolle Provinz gewonnen, im zweiten behauptet und im dritten, dem Siebenjährigen Krieg, war er unter Einsatz der Existenz Preußens wie seines Lebens zur europäischen Großmacht aufgestiegen und hatte damit so etwas wie eine kollektive preußische Identität begründet. »Der kaiserlichen Macht im Süden«, so Hagen Schulze, »stand nun im Norden eine nahezu ebenbürtige Gegenmacht gegenüber, dem katholischen Kaiser war im Hohenzollernkönig so etwas wie ein protestantischer Gegenkaiser erwachsen, das evangelische Deutschland fand von nun an seinen Schutzherrn im Reiche selbst, brauchte sich nicht mehr an außerdeutsche Mächte anzulehnen.« Das protestantische Deutschland war von nun an »fritzisch« gesinnt, wie wir aus »Dichtung und Wahrheit« wissen, was Goethe zu der weiteren Bemerkung veranlasste, »dass der erste wahre und höhere eigentliche Lebensgehalt durch Friedrich den Großen und die Taten des Siebenjährigen Krieges in die Poesie gekommen ist. Jede Nationaldichtung muss schal sein oder schal werden, die nicht auf dem Menschlich-Ersten beruht, auf den Ereignissen der Völker und ihrer Hirten, wenn beide für einen Mann stehen. Könige sind darzustellen in Krieg und Gefahr, wo sie eben dadurch als die ersten erscheinen, weil sie das Schicksal der Allerletzten bestimmen und teilen, und dadurch viel interessanter werden als die Götter selbst, die, wenn sie Schicksale bestimmt haben, sich der Teilnahme derselben entziehen. In diesem Sinn muss jede Nation, wenn sie für irgendetwas gelten will, ein Epos besitzen, wozu nicht gerade die Form des epischen Gedichts nötig ist. Die Preußen und mit ihnen das protestantische Deutschland gewannen also für ihre Literatur einen Schatz, welcher der Gegenpartei fehlte und dessen Mangel sie durch keine nachherige Bemühung hat ersetzen können«.

So hat ausgerechnet der Preußenkönig, der die deutsche Sprache verachtete, dazu beigetragen, dass sie einen ungeahnten Aufschwung nahm und dass Klopstock, Lessing, Goethe, Schiller, Kleist, Novalis, Tieck, Arnim und Brentano die Einheit der Kulturnation schufen, als die letzten Fetzen des alten Reiches davonflogen, ein Widerspruch, der Madame de Staël zu der Bemerkung veranlasste: »Die Gebildeten Deutschlands machen einander mit größter Lebhaftigkeit das Gebiet der Theorien streitig und dulden in diesem Bereich keine Fesseln, ziemlich gern aber überlassen sie dafür den irdischen Machthabern die Wirklichkeit des Lebens«.

Und die hieß seit kurzem Napoleon Bonaparte. Er machte aus 314 Territorien 30 und zwang Franz II. am 6. August 1806, die römische Kaiserkrone niederzulegen. Ein Streit seines eigenen Kutschers habe ihn mehr interessiert als diese Nachricht, bemerkte Goethe dazu, und Heinrich Heine fand einige Jahre später: »Bedenk ich die Sache ganz genau, so brauchen wir gar keinen Kaiser.«

Dabei muss man nur einmal die oberschwäbische Barockstraße entlangfahren, um das Oberflächliche dieser Beobachtung zu begreifen. In allen Geschichtsbüchern gilt die Säkularisierung von 1803 als überfällige Reform, als sinnvoller Schritt zu größeren Einheiten. Dabei gibt es kaum eine ehemalige Reichsabtei, die nicht fünfzig Jahre und länger als Pferdestall, Kaserne oder ähnliches missbraucht und vom fernen München oder von den entschädigten neuen weltlichen Herren erst einmal dem Verfall überlassen wurde. Was bei dieser »Reform« an Kulturgut vernichtet wurde, konnte erst nach langer Zeit, manchmal auch gar nicht mehr, rückgängig gemacht werden, denn die neuen Herren waren weit, so weit wie Berlin heute, wenn es über schulische und kulturelle Dinge in den Ländern befindet.

Das alte Reich hatte sich von den Siegen Friedrichs über Franzosen, Österreicher und die Reichsarmee bei Rossbach und Leuthen nicht mehr erholt und sollte auch aus Waterloo, der endgültigen Überwindung Napoleons durch Engländer und Preußen, kein neues Leben gewinnen. Zurück blieb eine Hoffnung, der der Dichter Friedrich Rückert mit den Worten Ausdruck gab:

»Er hat hinabgenommen / des Reiches Herrlichkeit / und wird einst wiederkommen / Mit ihr zu seiner Zeit.«

Der antirömische Protest 3 – Preussen gegen Österreich

»Das Jahrhundert ist im Sturm geschieden
und das Neue öffnet sich mit Mord...«

So hatte Friedrich Schiller die Jahrhundertwende kommentiert. Vorbei war der neue Menschheitsfrühling, den viele nach dem Bastillensturm am 14. Juli 1789 zu erleben glaubten. Aus Freiheit, Gleichheit und Brüderlichkeit war die Militärdiktatur eines korsischen Leutnants geworden, eines Genies zwar, aber eines despotischen, ganz so wie es der englische Denker Edmund Burke in seinen »Betrachtungen über die Französische Revolution« 1790 vorausgesagt hatte. Die ahistorische Verfassungsmacherei der Revolutionäre hatte in der Anarchie geendet. Und als Robespierre, Danton, Marat und St. Just sich gegenseitig umgebracht hatten und ihre Erben nicht mehr weiter wussten, suchten Staat und Revolution Schutz bei einem Degen. Das Morden war noch immer auf Frankreich beschränkt, wo der Erste Konsul rechtzeitig vor der Kaiserkrönung einen Bourbonensproß, den Herzog von Enghien erschießen ließ. Der hatte sich auf Badisches Gebiet, also Reichsterritorium geflüchtet. Doch das bot nun keinen Schutz mehr, und Napoleon machte mit diesem Willkürakt nicht nur klar, wie er künftig mit innenpolitischen Gegnern zu verfahren dachte, sondern auch, was er von deutscher Staatlichkeit und deutschem Recht hielt.

Preußen hatte die Verteidigung des Reiches schon 1795 eingestellt und sich damit zehn Jahre einer unsicheren Neutralität und seine größte Ausdehnung auf Kosten des unglücklichen Polens erkauft. Das neue österreichische Kaisertum war durch Napoleons Siege in Italien so geschwächt, dass es nicht einmal zu einem formalen Protest reichte. Die neue Ordnung reduzierte die ehemaligen Reichsstände von 314 auf 30 und schuf aus unzähligen geistlichen und weltlichen Reichssplittern jene Staaten, die zu einem Teil noch die heutige Bundesrepublik ausmachen wie Bayern, Württemberg, Baden oder die verschiedenen Hessen. Diese neuen Länder knüpften zwar an alte geschichtliche Territorien an, waren aber zugleich stärker und schwächer als diese, wohl stärker an Bevölkerung und Gebiet, jedoch schwächer als Teil der fremden napoleonischen Ordnung, sozusagen künstlich belebt von der Staatsraison des Weltenkaisers und damit kein Anknüpfungspunkt für die Hoffnungen auf Befreiung und Wiedergeburt.

Diese konzentrierten sich ganz auf Preußen wie auf das neue österreichische Kaisertum, und das, obwohl beide Staaten fast genauso viel nichtdeutsche wie deutsche Bewohner ihr eigen nannten. In beiden Fällen waren Staatsraison und Volkstum getrennt, der Staat also eher Ausdruck einer übernationalen Idee als eines gemeinsamen nationalen Willens wie in England und Frankreich. Preußen lebte seit Friedrich aus dem Mythos einer gemeinsamen Willensanstrengung, die sich besonders seit der Niederlage von Jena und Auerstädt gegen Napoleon im Jahre 1806 in dem Reformbeamtentum der Steins und Hardenbergs verkörperte, Österreich aus der Idee eines übernationalen Kaisertums, das sich in den Schwarzenbergs und Radetzkys genauso verkörperte wie in den Tiroler Bauern und in vielen kleinen nichtdeutschen Völkerschaften, die sich wie der Böhme Palacky 1848 nur den Fortbestand des Kaiserstaates als Alternative zu ihrem Aufgehen in einem germanischen Großreich vorstellen konnten. Beide Staaten zogen anders als die deutschen Mittelstaaten Talente aus ganz Deutschland an. Paradigmatisch stehen dafür der Reichsfreiherr und preußische Minister vom Stein aus dem Nassauischen, sein Nachfolger Hardenberg aus dem Hannoverschen, der Militärreformer Scharnhorst aus dem Niedersächsischen und der spätere österreichische Kanzler Metternich vom Rhein. Denn bevor Preußen und Österreich Napoleon aus Deutschland verdrängen konnten, mussten sie sich modernisieren, den Kaiser mit seinen eigenen Waffen schlagen.

Preußen, das im Frieden von Tilsit fast ein Drittel seines Territoriums verloren hatte, verlegte sich auf die innere Erneuerung. Allgemeine Wehrpflicht, Aufhebung der Gutsuntertänigkeit, Städteordnung, Judenemanzipation und Gewerbefreiheit kommen anders als in Frankreich als Reformen von oben, zwar ausgelöst durch die Niederlage, aber nicht vom Volk den Herrschenden, sondern von diesen den Untertanen verordnet. Die preußischen Reformen sind ein Sammeln innerer Kraft, der Versuch des Königs und seiner Beamten, an Volkskraft zu gewinnen, was an Territorium und Bevölkerungszahl verlorengegangen ist. Dies geschieht zum einen durch größere Selbstverantwortung der Bürger, zum anderen durch staatliche Machtkonzentration, beides Schlussfolgerungen einer aufklärerischen Vernunft, die das Bestehende an seiner Durchsetzungsfähigkeit und Praktikabilität misst. Die theoretische Begründung dafür lieferten der Wahlpreuße Hegel mit seiner Definition des Staates als »Wirklichkeit einer sittlichen Idee« und sein philosophischer Kollege Fichte, der in seinen »Reden an die deutsche Nation« diese zum Träger der göttlichen Idee macht. Der Spott Heines

»Franzosen und Russen gehört das Land,
Das Meer gehört den Briten,
Wir aber besitzen im Luftreich des Traums
Die Herrschaft unbestritten«

war gänzlich unangebracht. Denn aus den Ideen sollten bald Taten werden, Gewehrkugeln für die Befreiung vom napoleonischen Joch.

Der österreichische Prozess verläuft äußerlicher, diplomatischer. Nach dem Reformzwischenspiel Graf Stadions verlässt sich Metternich – nach Friedrich von Gentz »kein Mann der großen Leidenschaften, des kühnen Zugs, kein Genie, aber ein großes Talent« – wieder auf die klassische Gleichgewichtspolitik und ist mit der angesammelten Macht Österreichs zur Stelle, um 1813 das Gleichgewicht zugunsten Russlands und Preußens und damit zuungunsten des in Russland in Schnee und Eis steckengebliebenen französischen Kaisers zu verschieben. Dieser war seiner Vision von der Wiederherstellung der Reiche Karls des Großen und Karls V. sehr nahe gekommen, am letzten Erfolg nur von England und Russland gehindert. 1805 hatte der Kaiser bei Austerlitz Österreich und Russland besiegt, doch die Vernichtung der französisch-spanischen Flotte bei Trafalgar im selben Jahr zerstörte Napoleons Hoffnung auf einen Siegfrieden. 1806 wurde Preußen besiegt, 1809 noch einmal Österreich, doch solange der englische Festlandsdegen, Russland, nicht bezwungen war, gab es keine neue von Frankreich dominierte europäische Ordnung.

Als Napoleon versuchte, den russischen Raum mit seinen Truppen zu füllen, vernichtete General Winter die Grande Armée. Im brennenden Moskau und in den Eiswassern der Beresina musste er seinen Traum von einem neuen Karolingerreich begraben. Als Preußen mit der Konvention von Tauroggen zwischen dem preußischen General Yorck und dem russischen General Diebitsch das französische Bündnis verließ und kurze Zeit später im Vertrag von Kalisch an die Seite Russlands trat, schloss sich Österreich diesem Bündnis an. Der Sieg der Verbündeten in der Völkerschlacht bei Leipzig und die Vertreibung Napoleons aus Deutschland waren die Folge. Kein Wunder, dass Österreich und Metternich die Gewinner des in der österreichischen Hauptstadt beschlossenen Friedenswerkes waren.

Der Wiener Kongress, der die napoleonische Ordnung beseitigen und den Kontinent neu ordnen sollte, war die letzte große Adelsversammlung Europas. Noch einmal demonstrierte dieser Stand seine Fähigkeit zu konstruktiv-rationalen Lösungen unangefochten von demokratischen oder gar nationalistischen Anwandlungen. In dem österreichischen Kanzler Metternich, dem französischen Bevollmächtigten Talleyrand und dem englischen Außenminister Castlereagh verbanden sich der Glaube an die historische Legitimität mit dem Glauben an die vorrevolutionäre Vernunft. Legitimität und Gleichgewicht waren die ineinander greifenden Ordnungsbegriffe, nach denen jeder so viel erhielt, dass er zugleich zufrieden und unzufrieden war. Nicht absolute Sicherheit vor dem Ruhestörer Frankreich, sondern seine Einbindung in die neue Ordnung war das Geheimnis des Erfolges. Das Land wird auf seine vorrevolutionären Grenzen beschränkt. Österreich erhält seine Stellung in Italien und Deutschland zurück, Preußen wird für seine polnischen Verluste zugunsten

Russlands in Sachsen entschädigt und gewinnt – für die Zukunft entscheidend – die Wächterrolle gegen Frankreich am Rhein. Statt des alten Reiches gibt es nun einen Staatenbund mit den Vormächten Österreich und Preußen.

Die Wiener Ordnung ist besser als ihr späterer schlechter Ruf. Sie beruhte zwar nicht auf dem Volkswillen, sondern auf dem Gleichgewicht der Kräfte, aber sie vermied eben auch jene aus Hass und Rache geborenen Ungerechtigkeiten, die die späteren Friedensverträge von San Stefano über Brest-Litowsk bis zu Trianon und Versailles so kurzlebig gemacht haben. Dass ein deutscher Nationalstaat im Jahre 1815 nicht auf der Agenda von Diplomaten und Ministern stand, ist weniger dem bösen Willen der europäischen Staatsmänner als der Tatsache geschuldet, dass ihn sich niemand vorstellen konnte und folglich auch niemand wollte, nicht einmal die entschiedenen Patrioten vom Tugendbund.

Zur Nation euch zu bilden, ihr hofft es Deutsche vergebens.
Bildet stattdessen, ihr könnt es, freier zu Menschen Euch aus.

Goethes in den Xenien überlieferte Skepsis gegenüber einem deutschen Nationalstaat sollte noch über die Mitte des Jahrhunderts hinaus Geltung haben.

Es ist üblich, die Jahre nach dem Wiener Kongress als Jahre der Reaktion, des Stillstandes und der Verzopftheit zu schmähen. Dabei waren es glückliche und friedliche Jahre, in denen der Metternichsche Pessimismus für eine ungestörte Privatheit sorgte, deren ästhetischer Ausdruck das Biedermeier war. Ein Stil der Vereinfachung, des aristokratischen Klassizismus ergriff das Bürgertum und schuf jene zauberhaften Interieurs, in denen Schuberts Forellenquintett, die Musik des späten Beethoven und

Webers wie Lorzings volkstümliche Melodien erklangen. Der heute fast vergessene Maler Wilhelm von Kügelgen hat uns diese Welt in seinen einst populären »Jugenderinnerungen eines alten Mannes« bewahrt. Die Romantik hielt Einzug in Deutschland; Arnim und Brentano, Novalis, Tieck, Eichendorff und manch Geringere sorgten für jenen unverwechselbaren Ton, der noch einhundert Jahre später Hans Castorp im Zauberberg beglücken sollte.

Mondbeglänzte Zaubernacht,
die den Sinn gefangen hält,
wunderbare Märchenwelt
steig auf in der alten Pracht.

Vorbei schien der Spuk des Völkerhasses, der einen der größten deutschen Dichter, Heinrich von Kleist, zu der furchtbaren Aufforderung verführte:

Schlagt sie tot! Das Weltgericht
Fragt euch nach den Gründen nicht.

Der Franzosenhass eines Arndt und eines Jahn schien Geschichte, verbale Ausrutscher aus der Zeit der Befreiungskriege. Nicht Fichte, der in seinen Reden an die deutsche Nation das Deutsche mit dem Menschheitlichen verbunden hatte und so einen neuen Nationalismus begründete, war der Held der Metternich-Zeit, sondern Franz Grillparzer, der österreichische Klassiker mit seiner Warnung

Der Weg der neueren Menschheit geht
Von der Humanität
Durch die Nationalität
Zur Bestialität.

Die Zeit schien stillzustehen, doch es schien nur so. Während Raimunds »Zaubermärchen«, Eichendorffs »Taugenichts« und Stifters »Nachsommer« vermeintlich das deutsche Gemüt beherrschten, erhob sich neue Unruhe, zuerst bei einem Studententreffen auf der Wartburg 1817, dann in Hambach 1832, wo Handwerker und andere Bürgersleute politische Forderungen stellten. Das Lied dazu wurde erst später gedichtet, doch die Parolen wurden schon verbreitet: Einigkeit und Recht und Freiheit.

Der Pessimist Metternich reagierte mit Unterdrückung, den Karlsbader Beschlüssen und der Demagogen-Verfolgung und verbreiterte damit den Graben zwischen dem österreichischen Kaiserstaat und den Kräften der Bewegung. »Mein Leben ist in eine abscheuliche Periode gefallen. Ich bin entweder zu früh oder zu spät auf die Welt gekommen. Früher hätte ich die Zeit genossen, später hätte ich dazu gedient wieder aufzubauen; heute bringe ich mein Leben zu, die morschen Gebäude zu stützen«, beklagte sich der Staatskanzler. Er selbst verkörperte den Staat, dem er diente.

Auch wenn Preußen dem österreichischen Vorbild folgte, begannen manche, in ihm die Zukunft zu erblicken, und seine Anstrengungen von Tauroggen über Leipzig nach Waterloo nahmen im Rückblick den Charakter eines nationalen Befreiungskrieges an. Der alte Gegensatz wurde wieder lebendig, von großdeutsch und kleindeutsch sprach noch niemand, aber doch davon, dass Preußen der besser regierte und modernere Staat sei, der mehr Zukunft verspreche als die Staaten des guten Kaisers Franz, und auch davon, dass Preußens Probleme lösbar seien, die Österreichs eigentlich nicht. Dazu trug auch der Zollverein bei, der Preußen – und hier besonders das rheinisch-westfälische Industrierevier – mit den meisten deutschen Mittelstaaten und zugleich dem englischen Freihandelssystem verknüpfte. Österreich blieb außen vor. Seine industrielle Rückständigkeit bedurfte des Protektionismus. Die Teilung Deutschlands begann fast unmerklich.

Die Ereignisse von 1848 waren in Deutschland nie wirklich populär, und weder die alte Bundesrepublik noch das wiedervereinigte Deutschland, die sich beide in jener Tradition sehen, haben es vermocht, das Fremdeln der Deutschen mit 1848 zu überwinden. Nachdem der Staat Bismarcks 1945 in Trümmern lag, hätte es nahe gelegen, an ältere Traditionen anzuknüpfen, doch anders als das Jahr 1789 für die Franzosen blieb 1848 immer mit dem Makel des Scheiterns, der Erfolglosigkeit behaftet. Dabei begann alles so hoffnungsfroh. Nachdem die Franzosen das korrupte Regime des Bürgerkönigs Louis Philippe beseitigt hatten, war das System Metternich nicht mehr zu halten. Doch die Zugeständnisse kamen in Berlin wie in Wien zu spät, um den alten Obrigkeitsstaat zu retten. Bürgerrechte, Verfassung und eine deutsche Nationalversammlung waren das Ziel einer breiten Koalition von gemäßigt rechts bis zu radikal links, von den konstitutionellen Liberalen bis zu den radikalen Republikanern und frühen Sozialisten. Am 18. Mai 1848 traten in der Frankfurter Paulskirche die 585 Vertreter des deutschen Volkes zur deutschen Nationalversammlung zusammen, um für das ganze Deutschland eine freiheitliche Verfassung zu beschließen und eine nationale Regierung zu wählen. Es war eine Heerschau des deutschen Bildungsbürgertums mit vielen großen, inzwischen alt gewordenen Namen aus den Befreiungskriegen wie Arndt und Jahn oder dem Dichter Ludwig Uhland. Mit der Erklärung Friedrich Wilhelms von Preußen: »Ich habe heute die alten deutschen Farben angenommen und mich und mein Volk unter das ehrwürdige Banner des Deutschen Reiches gestellt, Preußen geht fortan in Deutschland auf«, schien für einen Moment der alte Dualismus zwischen Preußen und dem Reich, zwischen Staat und Deutschem Bund überwunden.

Doch den Worten folgten keine Taten. Die Nationalversammlung besaß kein Heer, keine Exekutive, sie schwebte über den fortbestehenden Staaten, die ebenfalls Landtage wählen ließen und damit den Dualismus erneuerten. Sehr schnell holte die Realität des europäischen Mächtegleichgewichts den idealistischen Aufschwung zurück auf den Boden der Tatsachen. Schleswig und Holstein gehörten zur dänischen Krone, doch Holstein war auch Mitglied des Deutschen Bundes. Als beide Herzogtümer ihre Unabhängigkeit von Dänemark proklamierten und preußische Truppen im Auftrage der Nationalversammlung dem Nachdruck verleihen sollten, rasselte Europa mit dem Säbel. Britische Kriegsschiffe und russische Truppen erzwangen die Wiederherstellung des status quo ante. Das nationale Ziel der Befreiung vom dänischen Joch war missglückt, die Nationalversammlung als ein Kaiser ohne Kleider entlarvt. Je mehr sich Preußen und Österreich kräftigten – in beiden Ländern gewannen die alten Eliten im Verlauf des Jahres 1848 ihre Handlungsfähigkeit zurück –, umso schwächer wurde die Nationalversammlung und umso offensichtlicher die gegenseitige Blockade von Großdeutschen und Kleindeutschen, also jenen, die den ungeteilten habsburgischen Kaiserstaat mit seinen slawischen, ungarischen und italienischen Besitzungen in das neue Deutschland aufnehmen wollten, und jenen, die allenfalls Deutsch-Österreich inkorporieren, aber notfalls auch ohne den Kaiserstaat auskommen wollten. Als die Kleindeutschen es schließlich durchsetzten, die erbliche Reichskrone dem preußischen König anzubieten, reagierte der mit

Verachtung auf den Beschluss, da an diesem »Reif aus Dreck und Letten der Ludergeruch der Revolution hafte«.

Was folgte, waren Satyrspiele, zum Scheitern verurteilte Versuche von unten wie von oben, das Schicksal noch einmal zu wenden. Von unten versuchten radikale Demokraten in Baden, aber auch in Dresden eine Republik ohne preußischen König und österreichischen Kaiser zu erzwingen und trieben damit das liberale Bürgertum in die Arme der alten Eliten, von oben suchte Preußen mit einer Unionsverfassung, der sich mehrere norddeutsche Kleinstaaten sowie Hannover und Sachsen anschlossen, den nationalen Zugewinn ohne dessen revolutionäre Verluste zu realisieren, eine Politik, der Österreich und Russland widersprachen und die mit dem Vertrag von Olmütz ein klägliches Ende fand. Am Ende fanden sich alle Spieler auf ihren Ausgangspositionen wieder, und die Ordnung von 1815 war wieder hergestellt. Grillparzers Stoßgebet aus jenen Jahren:

O Herr, laß dich herbei
Und mach die Deutschen frei,
dass endlich das Geschrei
hernach zu Ende sei

war nicht erhört worden. Die Revolution hatte weder die nationale noch die Verfassungsfrage gelöst. Sie hatte allerdings eine Lösung dringlicher gemacht und den noch Herrschenden vor Augen geführt, dass ein bloßes »weiter so« keine Zukunft hatte. Aber dieser kurzfristige psychologische Gewinn taugt kaum für eine Erinnerungskultur. Auch noch so lobenswerte geschichtspädagogische Anstrengungen können aus dem 18. März 1848 keinen 14. Juli 1789 der deutschen Geschichte zaubern.

Blut und Eisen

Von der Parteien Hass und Gunst verzerrt, schwankt sein Charakterbild in der Geschichte. Zu Beginn seiner Laufbahn war Otto von Bismarck der Junker und Reaktionär, der den jungen preußischen Konstitutionalismus mit Füßen trat, danach war er der geniale Reichseiniger, dessen Person in unzähligen Bismarck-Türmen zum Mythos verklärt wurde. Als Deutschland den Ersten Weltkrieg verloren hatte und Bismarcks Werk gefährdet schien, wurde er zum Idol für Nationale und Rechte, noch etwas später zum missbrauchten Aushängeschild einer verbrecherischen Politik wie zum ideellen Sammelpunkt derjenigen, die im Namen Bismarcks dem Größenwahn wie dem Verbrechen Einhalt gebieten wollten. Nachdem Bismarcks Reich 1945 in Stücke gegangen und Preußen auf immer verloren war, schwanden sein Nimbus wie seine Symbolkraft. Er schien nun an vielem Schuld, was uns zugestoßen, und in der Unglückslinie Luther, Friedrich der Große, Bismarck ein Vorläufer und Wegbereiter der nationalsozialistischen Katastrophe zu sein. Obrigkeitsstaat und Machtpolitik wurden und werden ihm angelastet, und auch heute überwiegen die negativen Urteile noch immer die positiven.

Otto von Bismarck war der Sohn eines märkischen Adeligen und einer preußischen Geheimratstochter. Vom Vater hatte er die Statur und die ländlichen Vorlieben, von der Mutter eine bildungsbürgerliche Sprachbegabung, die ihn wunderbare Briefe und die schönste Prosa zwischen Goethe und Fontane schreiben ließ. Brillanter Rhetoriker, der er war, wäre ihm doch seine hohe Fistelstimme in unserem Medienzeitalter zum Verhängnis geworden, im Reichstag aber lauschten auch seine Gegner gebannt den brillanten Zuspitzungen. Seine Laufbahn schien alles andere als vorgezeichnet, da er große Arroganz – schließlich waren die Bismarcks vor den Hohenzollern in der Mark gewesen – mit tiefer Abneigung gegen das Einerlei der Beamtenlaufbahn verband. »Wenn es dem Herrn von Bismarck gelingt, seine persönliche Faulheit zu überwinden, dann ist er zu allen hohen Staatsämtern fähig«, schrieben ihm seine Potsdamer Vorgesetzten in die amtliche Beurteilung. Doch Bismarcks Faulheit war nicht Ausdruck von Unfähigkeit, sondern von Uninteressiertheit. »Der preußische Beamte gleicht dem Einzelnen im Orchester, mag er die erste Violine oder den Triangel spielen, ohne Übersicht und Einfluss auf das Ganze muss er ein Bruchstück spielen, wie es ihm gesetzt ist, er mag es für gut oder schlecht halten. Ich will aber Musik machen, wie ich sie für gut erkenne, oder gar keine.«

Bei solcher Einstellung konnte nur eine große Krise Erleichterung bringen. Bei der von 1848 war der 1815 geborene Bismarck noch nicht dran, außerdem misstrauten die Ratgeber Friedrich Wilhelms IV. seinem reaktionär-martialischen Auftreten und Gerede. Doch schon die Auseinandersetzung um die preußische Union von 1850 zeigte den zukünftigen verantwortungsvollen Staatsmann. »Es ist leicht für einen Staatsmann, sei es in dem Kabinette oder in der Kammer mit dem populären Winde in die Kriegstrompete zu stoßen und sich dabei an seinem Kaminfeuer zu wärmen oder von dieser Tribüne donnernde Reden zu halten, und es dem Musketier, der auf dem Schnee verblutet, zu überlassen, ob sein System Sieg und Ruhm erwirbt oder nicht. Es ist nichts leichter als das, aber wehe dem Staatsmann, der sich in dieser Zeit nicht nach einem Grunde zum Kriege umsieht, der auch nach dem Kriege noch stichhaltig ist.«

Bismarck war gelassener, ruhiger geworden und trieb nicht mehr willenlos auf dem Strom des Lebens zwischen den Stromschnellen Alkohol, Frauen und Reisen umher. Er hatte sein privates Glück mit der Tochter eines pommerschen, pietistischen Gutsbesitzers, Johanna von Puttkamer, gefunden und haderte nun weniger mit seinem lutherischen Gott auf der Suche nach einem Daseinszweck.

Die Ereignisse von 1848/49 hatten alle deutschen Fragen auf den Tisch gebracht, aber keine einer Lösung zugeführt. Großdeutsch oder kleindeutsch, mit einem österreichischen oder einem preußischen deutschen Kaiser, konservativer Obrigkeitsstaat, liberaler Verfassungsstaat oder soziale Republik, Einigung von oben oder unten, unter aristokratischen, bürgerlichen oder gar radikaldemokratischen Vorzeichen – alles war diskutiert, nichts gelöst worden. Gegen Ende dieser Unruhe bemerkte der englische Außenminister Palmerston sarkastisch, gegen die Idee der deutschen Einheit sei ja nichts einzuwenden, außer dass niemand sie scheine zustande bringen zu können. Bismarck sah sein künftiges Problem genauer als er davon sprach, nicht durch Reden und Majoritätsbeschlüsse würden die großen Fragen der Zeit entschieden – das sei der Fehler von 1848 und 1849 gewesen –, sondern durch Eisen und Blut.

Dass sich Bismarck eine solche Gelegenheit zu seinen Lebzeiten eröffnete, war geschichtlicher Zufall. Es hätte alles auch anders kommen können, »denn der Mensch kann den Strom der Zeit nicht schaffen und nicht lenken, er kann nur darauf hinfahren und steuern mit mehr oder weniger Erfahrung und Geschick, kann Schiffbruch leiden und stranden und auch zu guten Häfen kommen«. Es gehörte seit 1648 zu den Prinzipien der europäischen Ordnung, dass Europas Mitte, also Deutschland, zerteilt und damit verfügbar als Gewichtsmasse auf den Waagschalen des europäischen Gleichgewichts zwischen Russland, Frankreich, Österreich, Schweden und England sein und bleiben müsse. Daran war die deutsche Frage 1848 am Ende gescheitert. Das Fenster der Gelegenheit, diese Ordnung umzustürzen, öffnete sich mit dem Krim-Krieg 1856 um die Dardanellen und das osmanische Erbe in Europa zwischen Frankreich und England auf der einen sowie Russland auf der anderen Seite. Die deutschen Vormächte, Österreich und Preußen, blieben zwar formal neutral, aber Österreich mit einer anti-russischen und Preußen mit einer pro-russischen Spitze. Damit zerbrachen die stehen gebliebenen Pfeiler der Heiligen Allianz, und Österreichs Undankbarkeit gegenüber Russland – der Zar hatte dem jungen Kaiser Franz Josef bei der Unterdrückung des ungarischen Aufstands geholfen – kostete es seinen wichtigsten Verbündeten.

Als Bismarck in der Verfassungskrise von 1862 das Steuer übernahm, war aus dem Vertreter der monarchischen Legitimität der »weiße Revolutionär« geworden, ein Umstürzler mit dem Ziel, das Alte zu bewahren. Bismarck hatte eingesehen, dass Preußen nur als Industriemacht, Großmacht und nur als Vorkämpfer der nationalen Einheit das konservative Preußen bleiben könne. Statt der Degenspitze, auf der der Staat Friedrichs des Großen immer balanciert hatte, waren es nun Zündnadelgewehr und

Eisenbahn, von denen das Überleben abhing, aber auch das Bündnis mit dem Nationalismus, der zur Ersatzreligion der Massen geworden war. 1864 wurde gemeinsam mit Österreich die seit 1848 offene Schleswig-Holstein-Frage gelöst, von der der Zyniker Palmerston einmal bemerkt haben soll, sie sei nur von zwei Menschen verstanden worden: Der eine sei darüber wahnsinnig geworden und der andere – Prinz Albert – inzwischen tot. Schleswig wurde nun von Preußen und Holstein von Österreich verwaltet, das legitime Haus der Augustenburger blieb außen vor. Konflikte waren da vorprogrammiert, die sich mit der ebenfalls ungeklärten Bundesreform und der Grundsatzfrage, wer in Deutschland herrschen solle, zu einem gordischen Knoten schürzten, den Österreich zu durchhauen versuchte, indem es unter Bruch des Teilungsvertrages beim Deutschen Bund Unterstützung gegen Preußen suchte. Nach der Niederlage von Königgrätz im Jahre 1866 wurde der Kaiserstaat – territorial unversehrt – im Frieden von Prag aus Deutschland vertrieben und der Deutsche Bund aufgelöst. 1870/71 schließlich vollendete sich das kleindeutsche Reich im Kampf mit dem Frankreich Napoleons III. durch Hinzutritt der süddeutschen Staaten Bayern, Baden, Württemberg und Hessen. Zu spät hatte der »kleine« Napoleon versucht, die Dominanz Preußens in Deutschland zu verhindern. Als gar die Gefahr zu bestehen schien, dass ein Hohenzoller spanischer König werden und damit das Reich Karls V. wieder erstehen könnte, griff Frankreich zu den Waffen, von Bismarck mit der berühmten »Emser Depesche« an seinen König klug provoziert. Doch der Neffe des Siegers von Jena und Auerstädt war den erstmals gemeinsam kämpfenden deutschen Stämmen nirgendwo gewachsen, und statt der »Rache für Königgrätz« folgte der Zusammenbruch des bonapartistischen Staates. Waren der Krieg mit Dänemark und die preußisch-österreichische Auseinandersetzung noch Kabinettskriege des 18. Jahrhunderts gewesen, deren Folgen allein von den handelnden Staatsmännern verantwortet wurden, so nahmen die Massen nach den Niederlagen Napoleons III. bei Metz und Sedan den Lenkern die Geschicke aus der Hand – in Frankreich in Gestalt eines revolutionären Volkskrieges und in Deutschland in Gestalt jener Annexions- und Revanchestimmung, der Bismarck mit der Einverleibung Elsaß-Lothringens nachgab, böse Vorzeichen für die Stabilität und Dauerhaftigkeit seines Einigungswerks. Hatte er 1866 durch kluge Mäßigung in Österreich einen neuen Freund gewonnen, so erstand dem Reich in Frankreich nun ein alt-neuer »Erbfeind«.

Je länger die Schatten wurden, die auf dieses Werk fielen, desto häufiger ist über mögliche Alternativen nachgedacht worden. Zwar ist bei Historikern das ewig grübelnde »Was wäre gewesen, wenn« nicht sonderlich populär, doch nach den zwei großen Katastrophen, die Bismarcks Werk in Gestalt der Weltkriege ereilten, darf man schon die Frage stellen: Musste alles so kommen? Es musste nicht. »Der Staatsmann gleicht einem Wanderer im Walde, der die Richtung seines Marsches kennt, aber nicht den Punkt, an dem er aus dem Forste heraustreten wird ... Ich hätte jede Lösung mit Freuden ergriffen, welche uns ohne Krieg der Vergrößerung Preußens und der Einheit Deutschlands zuführte. Viele Wege führten zu meinem Ziel. Ich musste der Reihe nach einen nach dem anderen einschlagen, den gefährlichsten zuletzt. Einförmigkeit war nicht meine Sache«, schrieb Bismarck im Nachhinein. Die Schlacht von Königgrätz war eine knappe Angelegenheit, und ein anderer Ausgang hätte auch andere Bedingungen geschaffen, allerdings ein siegreiches Österreich vor das gleiche

Dilemma wie die Nationalbewegung im Jahre 1848 gestellt: Großdeutschland unter Einschluss des ganzen österreichischen Kaiserstaates war zu groß für Europa, ein Kleindeutschland unter Einschluss Deutsch-Österreichs aber zu wenig für die österreichische Kaisermacht. Dazwischen gab es nur wenig Kompromissmöglichkeiten. Die einzig denkbare: Ein unter preußischer Führung geeintes Norddeutschland bis zur Mainlinie und eine Donauföderation, die den ganzen österreichischen Kaiserstaat und die süddeutschen Länder Bayern, Baden, Württemberg und Hessen umfasst hätte, ein Gedanke, der noch 1945 in Churchills Kopf spukte.

Bismarck hat zwischen 1864 und 1866 an eine solche Machtteilung gedacht, doch der österreichischen Politik fehlte nach dem Tod Schwarzenbergs, des letzten überragenden österreichischen Staatsmannes, das Konstruktive und Wagemutige, es fiel zurück in einen nur noch auf Verteidigung der Besitzstände gestimmten Spätabsolutismus. Bis 1848 war Österreich eine unangefochtene Tatsache der europäischen Politik und sein Kanzler der Kutscher Europas. Nach 1850 wird es zu einer angefochtenen Macht, der zuerst der italienische, dann der deutsche, danach der ungarische und schließlich der slawische Nationalismus seine Kraft raubten. Eine Alternative zur kleindeutsch-gewaltsamen Lösung hätte der Phantasie bedurft, doch von diesem Stoff war bei Franz Josef und seinen Beratern nur wenig vorhanden. Es ist schon merkwürdig, dass in einem Land, dessen Ruhm bald Mahler, Freud, Schnitzler, Roth, Hofmannsthal und Otto Wagner in die Welt tragen sollten, die politische Phantasie verdorrte und das Gefühl des Es-ist-alles-umsonst um sich griff.

Doch auch auf den Staat Bismarcks fielen bald lange Schatten. Das neue Reich war ein Kompromiss zwischen großdeutsch und kleindeutsch, Fürsten und Volk, Adel und Bürgertum, allgemeinem Wahlrecht zum Reichstag und Dreiklassenwahlrecht in Preußen, zwischen Budgetrecht der Volksvertretung und Verantwortlichkeit des Kanzlers gegenüber dem Monarchen – ein Gebilde voller Widersprüche, dessen Bestimmung noch in der Zukunft lag. Über den Bismarck, der nun als Reichskanzler die Geschicke dieses neuen Mitspielers auf europäischer Bühne bestimmte, hört man oft, dass seine Außenpolitik den Schwierigkeiten angemessen gewesen, seine Innenpolitik aber eine Katastrophe mit langfristigen Folgen für die Überlebensfähigkeit des Reiches gewesen sei.

Wer so argumentiert, verkennt die Einheitlichkeit von Bismarcks Handeln. Denn wie er außenpolitisch darauf sah, die negativen Folgen dieser nach dem Urteil des britischen Premierministers Disraeli »größten Revolution des 19. Jahrhunderts«, größer noch als die französische von 1789 zu begrenzen, so war er auch innenpolitisch bemüht, aus Bewegung Ruhe werden zu lassen. Bismarck näherte sich in seinem Denken dem alten Metternich, dem die soziale Revolution immer auch außenpolitischer Unruheherd war. Mag sein, dass Bismarcks ausgeprägte Fähigkeit zu hassen die innenpolitischen Konflikte verschärfte, doch auch ein weniger großer Hasser hätte in der Vertretung des deutschen Katholizismus, dem Zentrum, wie in der Vertretung des vierten Standes, der Sozialdemokratie, Kräfte am Werke gesehen, die den halbkonstitutionellen Staat Bismarcks weitertreiben, verändern und damit aus der ihm von seinem Schöpfer verordneten Ruhelage bringen wollten.

Doch eben das fürchtete Bismarck wie der Teufel das Weihwasser, da er nicht zu Unrecht vermutete, dass dieses um die süddeutschen Staaten vergrößerte Preußen das

Maximum dessen darstellte, was Europa zu ertragen bereit war. Mit Frankreich hatte das neue Reich durch den Erwerb Elsaß-Lothringens einen Erbfeind: »Einen Fehler haben wir begangen, indem wir euch Elsaß-Lothringen wegnahmen, wenn der Friede dauerhaft sein sollte. Denn für uns sind diese Provinzen eine Verlegenheit, ein Polen mit Frankreich dahinter«, wie er sich dem französischen Geschäftsträger gegenüber ausdrückte. Also kam es darauf an, die Flügelmächte England und Russland am Zusammenwirken zu hindern. Solange Russland dem Reich verbunden blieb und England die neue kompakte Mitte mit wohlwollender Duldung betrachtete, war der von Bismarck immer gefürchtete »cauchemar des coalitions«, also die Lage zu Beginn des Siebenjährigen Krieges, abgewendet. Umsturz der Ordnung, koloniale Expansion und eine England beunruhigende Flotte waren deshalb für ihn Anathema.

Doch je länger das Werk stand, desto schwieriger wurde es für Bismarck, im Volk und bei den Eliten das Gefühl für jene unsichtbare Linie wachzuhalten, deren Überschreitung die Gefahr des Untergangs für den deutschen Nationalstaat bedeutete. Der lärmende Nationalismus der anderen Nationen blieb in Deutschland nicht ohne Widerhall, und das Verdikt Max Webers über die Reichseinigung – dass man diesen Jugendstreich, den die Nation auf ihre alten Tage beging, seiner Kostspieligkeit halber besser unterlassen hätte, sollte er nur Abschluss und nicht Anfang, also Beginn von etwas Neuem sein –, wurde zur Überzeugung all jener, die mit dem späteren Reichskanzler Fürst Bülow einen Platz an der Sonne für Deutschland begehrten.

So fiel es Bismarck außenpolitisch wie innenpolitisch immer schwerer, seine Überzeugung, dass Deutschland saturiert sei, nach außen und innen zu vermitteln. Die

Auseinandersetzung mit dem Zentrum um Schulaufsicht, Zivilehe und die Freiheit der Predigt brach er ab, als ihm die Sozialdemokratie gefährlich zu werden schien. Sie war 1875 aus der Vereinigung des »Allgemeinen Deutschen Arbeitervereins« des Ferdinand Lasalle und der von August Bebel und Wilhelm Liebknecht begründeten »Sozialistischen Arbeiterpartei Deutschlands« hervorgegangen. Sie verstand sich als Interessenvertreterin der Industriearbeiterschaft und versuchte, deren Los zu verbessern. Doch während Bismarck den allzu früh in einem Duell gefallenen Lasalle schätzte, kam er mit der von Marx und Engels und ihrer Lehre von der Notwendigkeit des Klassenkampfes und der Revolution geprägten SPD nie ins Reine und versuchte mit dem Sozialistengesetz von 1878, also dem Verbot ihrer politischen Betätigung, und der Drohung mit dem Staatsstreich gegen Verfassung, Reichstag und allgemeines Wahlrecht, Botmäßigkeit zu erzwingen. Das Spiel mit dem Feuer des Staatsstreiches richtete sich auch gegen Nationalliberale und die Reste des Fortschritts, die Vertreter des liberalen Bürgertums, die nach seinen nationalpolitischen Erfolgen unsichere Verbündete geworden waren, und verschlechterte das innenpolitische Klima weiter. Dass in dieser Atmosphäre von Drohung und Gewalt dennoch die Grundlagen des deutschen Sozialstaats gelegt werden konnten, verdankt sich nicht allein machttaktischem Kalkül, sondern auch jener patriarchalischen Fürsorge aus pietistischer Frömmigkeit, die dem märkischen Junker näher lag als den rheinisch-westfälischen Kohle- und Stahlbaronen. »Der Staatssozialismus paukt sich durch«, war seine von Lasalle beeinflusste politische wie private Überzeugung.

In der Außenpolitik wurde es zunehmend schwerer, jenen Draht nach Petersburg nicht abreißen zu lassen, den

Bismarck 1887 in Gestalt des Rückversicherungsvertrages, eines geheimen Neutralitätsabkommens mit Russland, im Widerspruch zu den deutsch-österreichischen Bündnisverpflichtungen gelegt hatte, als die panslawistische Agitation gegen Österreich einen festen Verbund mit dem zweiten deutschen Staat ratsam erscheinen ließ. Ob es richtig und sinnvoll war, sich auf diese Weise in die Balkankonflikte zwischen Russland, England und Österreich ziehen zu lassen, von denen er früher selbst behauptet hatte, dass sie nicht die Knochen eines pommerschen Grenadiers wert seien, darf allerdings bezweifelt werden. Zwar drängten die europäischen Mächte in feste diplomatische Lager, doch der Zweibund mit Österreich von 1879 war eben der erste Sündenfall, dem schnell weitere folgten.

Ob Bismarck, wäre er noch länger verantwortlicher Leiter der Außenpolitik gewesen, den Zerfall Europas in zwei feindliche Koalitionen hätte aufhalten können, kann man getrost bezweifeln. Die dröhnenden neunziger Jahre mit ihrem Jingo-Imperialismus im Westen und dem Panslawismus im Osten waren Bestrebungen einer monarchischen Solidarität abhold. Dank Bismarcks kluger Vorsicht hatte das Zeitalter des europäischen Konzerts die deutsche Einigung überdauert, über die Jahrhundertwende hinaus hätte aber auch er es nicht verlängern können. Zu gewaltsam waren die nun zur Entladung drängenden Kräfte. Irgendwann an der Jahrhundertwende überschritten die Deutschen den Halys, und es erging ihnen wie dem Lyder-König Kroisos: Das Reich, das sie zerstörten, war das ihre.

Auch wenn Bismarck an diesem Scheitern keine Schuld trifft, haben ihm doch viele nach den Katastrophen von 1918 und 1945 die Brüchigkeit seines Werkes vorgehalten. Doch ob eine andere Verfassung mit mehr demokratischem Salböl hier hilfreicher gewesen wäre, erscheint zweifelhaft. Auch ohne Hohenzollernkaiser und Dreiklassenwahlrecht hätte das neue Reich die europäische Ordnung gesprengt, und eine demokratische Republik wäre dem Geist des Zeitalters ebenso anheim gefallen. Um der revolutionären Zerstörung Preußens zu wehren, hat Bismarck mit der nationalen Bewegung paktiert und Preußens deutsche Sendung erfunden. Doch was als Schutzmantel um den Staat Friedrichs des Großen gedacht war, entpuppte sich unter neuen Bedingungen als Gefahr für Preußen wie für Deutschland. Hellsichtige Zeitgenossen wie der alte Fontane haben es kommen sehen: Als der Diener Engelke im »Stechlin« die Preußenfarben vor dem Stechliner Herrenhaus durch Schwarz-Weiß-Rot ersetzen will, sperrt sich der alte Dubslav: »Laß, ich bin nicht dafür. Das alte Schwarz und Weiß hält gerade noch; aber wenn Du was Rotes dran nähst, dann reißt es gewiß.« Und auch König Wilhelm I. hatte dies instinktiv erfasst, als er am Vorabend der Kaiserproklamation in Versailles seinem Kanzler unter Tränen bekannte: »Morgen ist der unglücklichste Tag meines Lebens. Da tragen wir das preußische Königtum zu Grabe.«

Das Hohenzollernreich

Nach der Niederlage von 1918 und mehr noch nach dem Zusammenbruch von 1945 hat die deutsche Geschichtswissenschaft die Frage nach Schuld und Verhängnis beschäftigt. Gab es eine irreparable Fehlentwicklung der deutschen Geschichte – und wenn ja, wo lag der Rubikon, an dem man hätte halt machen, ja vielleicht sogar umkehren müssen? Liegen die schuldhaften Versäumnisse schon beim friderizianischen Machtstaat oder erst bei Bismarcks halbem Reich, dessen halbe Modernisierung und halbe Parlamentarisierung unweigerlich zum Ausbruch aus der halben Hegemonialstellung direkt in die Katastrophe führen musste? Dann wäre Bismarck der Alleinschuldige und die danach gemachten Fehler unentrinnbares Schicksal, Tragödie, die man zwar erzählen, aber nicht in falsch und richtig einteilen kann, und der immer wieder unterbrochene Weg nach Westen der tiefere Grund für das Scheitern der deutschen Nationalgeschichte im 20. Jahrhundert.

Doch weder gibt es eine Norm üblichen westeuropäischen Geschichtsverlaufes noch einen Mangel an Handlungsalternativen. Wenn die Schwächen und Unvollkommenheiten des Bismarck-Staates für sein Scheitern verantwortlich gemacht werden, bleibt unerklärt, weshalb

– um nur zwei Beispiele herauszugreifen – der viel tiefer reichende Antisemitismus der Dreyfuss-Affäre in Frankreich keine dauerhaften Schäden in der Nation hinterließ oder die Aristokratisierung des Bürgertums in England nicht zu jener Schwächung seiner Handlungsfähigkeit führte, die Max Weber und viele nach ihm für die meisten Übel des Kaiserreiches verantwortlich gemacht haben. Bismarcks Erbe war zwar schwer, und seine Schuhe waren am Ende zu groß für seine Nachfolger, doch das war ihr, nicht sein Versagen.

Das neue Reich hielt eine fast vollkommene Balance zwischen Volks- und Obrigkeitsstaat. Im Prinzip war es ein Fürstenbund, der sich unter dem Gewehranschlag des preußischen Zündnadelgewehrs zusammengefunden hatte und deshalb auch von Preußen machtpolitisch dominiert wurde, was schon darin zum Ausdruck kommt, dass Bismarck zugleich Reichskanzler und preußischer Ministerpräsident war. Doch mit dem Reichstag, der aus allgemeinen, freien und geheimen Wahlen hervorging, gab es eine Volksvertretung, die die Gesetze des Reiches zu beschließen hatte, auch wenn der Reichskanzler nur dem Kaiser und nicht dem Parlament verantwortlich war. Das neue deutsche Reich war eine konstitutionelle, keine parlamentarische Monarchie. Sie war, nachdem Österreich draußen bleiben musste, der halbierte Traum von Deutschland einig Vaterland. Das gab ihr etwas Unvollkommenes, Prekäres, etwas, das in dieser Form immer von neuem begründet werden, dessen man sich immer von neuem vergewissern musste. Und es gab ihm von Anfang an etwas Angestrengtes, Ruheloses, bald nach neuen Aufgaben Suchendes.

Dem neuen Deutschland gelang es nicht, die Bismarcksche Reichsgründung durch eine gesellschaftliche Integrationsleistung zu ergänzen, sodass das Reich eine von tiefen gesellschaftlichen Furchen durchzogene Ständegesellschaft blieb: Es gab das Deutschland der Proletarier – etwa zwei Drittel der Bevölkerung – mit ihrer Kultur der Arbeiterbildungsvereine, es gab ein bürgerliches Deutschland, hin- und hergerissen zwischen der 48er-Tradition des Aufbegehrens und dem Geist des neofeudalen Chorstudenten und Reserveleutnants, zwischen Bildungsbürger und Untertan, zwischen dem alten Buck und dem jungen Dietrich Heßling in Heinrich Manns böser Satire. Die Schalthebel der Macht aber bediente der alte, ökonomisch sinkende, dennoch gesellschaftlich nach wie vor vorbildliche Adel, die Klasse der Junker, über die Max Weber urteilte: »Die Junker können die Aufgaben der Gegenwart nicht mehr lösen. Nicht einmal der größte der Junker hat es gekonnt«.

Die Verfasstheit des Reiches entsprach dem Parallelogramm der gesellschaftlichen Kräfte, es verkörperte den status quo, keine Idee. Jede Großmacht braucht eine Rechtfertigung, um Anerkennung und nicht bloß Furcht zu wecken. Bismarcks Werk hatte wohl das Recht historischen Geschehens, aber keine Rechtfertigung im Zeichen einer Idee für sich. Das neue Reich appellierte nicht, wie Frankreich und England, an die Phantasie der Völker, an ihre Zukunftserwartung, ihren Menschheitsglauben. Es diente keinem werbenden Gedanken. Es stand für nichts, was über die bloße Staatlichkeit hinauswies. Deutscher zu sein enthielt kein Bekenntnis wie Engländer oder Franzose sein; es besagte keinen Dienst an übernationalen Idealen, wie sie durch das christliche Königtum Frankreichs, dessen Zivilisationsidee die große Revolution später in verwandelter Form übernahm, und den Puritanismus repräsentiert wurden.

Es war so falsch nicht, wenn der Religionsphilosoph Ernest Renan nach dem Deutsch-Französischen Krieg an David Friedrich Strauß schrieb: »Manche Völker hätten ehedem Siege errungen und Imperien gegründet: Spanier, Franzosen, Briten. Jedesmal habe der politischen Herrschaft eine Ausstrahlung des Geistes entsprochen; der Welt, den Besiegten selbst, hätten die Sieger etwas geboten durch ihre ordnende Kraft, ihren Glauben, ihre Kunst, ihren Stil. Dies sei nun das Erschreckende an dem deutschen Sieg: Neu-Deutschland zeige nur Macht, blanke wirksame schneidende Macht ohne jede frohe Botschaft. Sein Triumph sei ein materieller und nichts weiter, und solche Triumphe brächten keinen Segen.«

Die bürgerliche Gesellschaft des neuen deutschen Reiches blieb deshalb eine Gesellschaft ohne Selbstbewusstsein. Der nationale Stolz, die Selbstgewissheit waren gebrechlicher als in England oder Frankreich. Einhundert Jahre zuvor hatte Hölderlin in seinem Hyperion geurteilt: »Ich kann kein Volk mir denken, das zerrissener wäre, wie die Deutschen. Handwerker siehst du, aber keine Menschen, Denker, aber keine Menschen, Priester, aber keine Menschen, Herren und Knechte, Junge und gesetzte Leute, aber keine Menschen.«

Verglichen mit dem Selbstbild eines Engländers – »seinem leidenschaftlichen Positivismus, seinem praktischen Genie, seiner gesunden Mischung aus Konsequenz und Anpassungsfähigkeit, seinem welterobernden Tatsachensinn« – hatte ein Deutscher nur ein unbestimmtes Bild von seinem Land und von seinen nationalen Merkmalen. Es gab keinen *way of life*, der auf natürlich-gelassene Art bestimmte, was deutsch war. Die Identifikation fand über keine gemeinsame Weltanschauung, sondern über industrielle und soziale Errungenschaften statt. Das deutsche

Selbstbild war im Alltagsleben mit keinem Verhaltenskanon verknüpft, wie ihn die Insel hervorgebracht hatte: »Gentleman, Gelehrter und Weltreisender in einer Person, in der einen Hand den Kompass, in der anderen die Times« (Egon Friedell); es wurde an Fest- und Feiertagen wie in Krisenzeiten programmatisch entworfen und war damit auf ideologische Krücken angewiesen.

Ein aggressiver Nationalismus war deshalb als gesellschaftliches Bindemittel wichtiger als in den alten Nationalstaaten Westeuropas. Nietzsche befürchtete schon in seinen »Unzeitgemäßen Betrachtungen« »die Exstirpation des deutschen Geistes zugunsten des Deutschen Reiches«, und Jacob Burckhardt äußerte die Sorge, »dass die ganze Weltgeschichte von Adam an siegesdeutsch angestrichen und auf 1870 bis 71 orientiert sein wird«.

Auch Bismarck fürchtete die deutsche Demokratie. Er traute ihr eine revolutionäre imperialistisch-großdeutsche Politik und damit den Einsturz seines diplomatischen Gebäudes zu, mit dem er Europa mit der neuen starken Mitte zwar nicht versöhnt, aber es doch an sie gewöhnt hatte. Ein Kunststück blieb diese Politik allemal, da sie eine politische Selbstbeschränkung verlangte, die, je weiter das Jahrhundert fortschritt, immer schwieriger durchzuhalten war, da sie dem Geist der Zeit widerstrebte und ein Maß an Einsicht in die Bedingungen des deutschen Nationalstaates erforderlich machte, die eine neue Generation nicht mehr aufzubringen bereit war. In seinem »Kissinger Diktat« hatte Bismarck diese Bedingungen dahingehend zusammengefasst, dass Deutschlands Sicherheit nicht auf irgendeinem Ländererwerb beruhe, »sondern auf einer politischen Gesamtsituation, in welcher alle Mächte außer Frankreich unser bedürfen und von Koalitionen gegen uns durch ihre Beziehungen zu einander nach Möglichkeit abgehalten werden«. Es war jenes Spiel mit fünf Kugeln, die alle gleichzeitig mit dem Ziel in der Luft gehalten werden mussten, »dass ein Schwert das andere in der Scheide hält«.

Schon die von Bismarck gewählten Bilder machen klar, dass ein weniger begabter Spieler damit überfordert war, umso mehr, als die aufkommenden Massenemotionen von Panslawismus und Imperialismus dieses vorrevolutionäre Politikverständnis eines rationalen Interessenausgleichs zunehmend mental blockierten.

Kaiser Wilhelm II., der 1888 seinem sterbenskranken Vater, dem 99-Tage-Kaiser Friedrich III. nachfolgte, war ein Vertreter der neuen Generation, die aus der Mittellage heraus ins Weite strebte und an den Ketten rüttelte, die der Reichskanzler außenpolitisch wie innenpolitisch geschmiedet hatte. Prophetisch schrieb der österreichische Kronprinz Rudolf im Jahre seiner Thronbesteigung: »Wilhelm II. macht sich; er dürfte bald eine große Confusion im alten Europa ausrichten, dieses Gefühl habe ich auch; er ist ganz der Mann dazu, von Gottbegnadeter Beschränktheit, dabei energisch und eigensinnig wie ein Stier, sich selbst für das größte Genie haltend, was will man mehr? Er dürfte im Laufe weniger Jahre das hohenzollersche Deutschland auf den Standpunkt bringen, den es verdient.«

Dabei spürte der Kaiser instinktiv, dass mit dem Reich etwas nicht in Ordnung war, dass der äußeren machtpolitischen Reichsgründung die innere gesellschaftliche nicht entsprach, dass es auf Dauer nicht gut gehen konnte, wenn große Teile der Arbeiterschaft und viele Katholiken in Opposition zu Kaiser und Reich standen. Doch die Ursachen dafür zu finden und in mühevoller Regierungsarbeit die Versäumnisse zu beseitigen, dafür war Wilhelm nicht der rechte. Begabt, aber nicht ausdauernd, unstet, eitel, oberflächlich, ein Poseur und Selbstdarsteller, war er jeder nachhaltigen und geistigen Anstrengung abhold. Zwar glaubte er, alles besser zu können, und auch besser zu machen als der ewige Kanzler, doch die damit verbundenen Mühen des Kenntniserwerbs hielt er für überflüssig. Was er schnell aufgeschnappt und eifrige Lobhudler ihm ins Ohr geblasen hatten, schien ihm ausreichend, das Steuer selbst in die Hand zu nehmen. Er, nicht der Reichskanzler, sollte künftig die Richtlinien der Politik bestimmen.

Dass ein schauspielernder Reisekaiser dies unter leichten Verbiegungen der Verfassung auch durfte, ist das Schlimmste, was man über Bismarcks Werk sagen muss. Am Anfang war es eine Erleichterung, als der große alte Mann im Sachsenwald verschwand, zu schwer hatte er am Ende auf allem gelastet. In den Worten der jetzt verwitweten Kaiserin Friedrich: »Was haben wir unter diesem Regime gelitten! Wie hat sein (Bismarcks) Einfluss seine ganze Schule korrumpiert – seine Angestellten, das politische Leben Deutschlands! Es hat das Leben in Berlin beinah unerträglich gemacht, wenn man nicht sein verworfener Sklave sein will! Seine Partei, seine Gefolgsleute und Bewunderer sind fünfzigmal schlimmer als er selber ist. Einen Schrei nach Befreiung möchte man ausstoßen und würde er erhört, was für ein tiefer Seufzer der Erleichterung würde die Antwort sein.«

Doch solche Seufzer sollten bald verstummen und viele Bismarcks Rückkehr wünschen. Das persönliche Regiment des Kaisers war ein Fehlschlag. Es verschleuderte das von Bismarck angehäufte außenpolitische Kapital und beseitigte nicht seine innenpolitischen Defizite. Das Verhältnis zur Sozialdemokratie blieb von Feindschaft geprägt, die Parlamentarisierung kam nicht voran, das preußische Dreiklassenwahlrecht wurde nicht beseitigt.

Nur auf wirtschaftlichem Gebiet machte das Reich gewaltige Fortschritte und überholte zur Jahrhundertwende in fast allen Produktionsziffern England, die bisherige Werkstatt der Welt. Schon Bismarck hatte die Wende vom Freihandel zur Schutzzollpolitik vollzogen und damit die Nationalliberalen entmachtet, aber auch Arbeitsplätze in der Landwirtschaft gesichert und eine Entvölkerung Ostelbiens verhindert. Reichsfinanzreform und ein einheitliches bürgerliches Gesetzbuch vollendeten die wirtschaftliche Einheit und setzten gewaltige Kräfte frei, die zu Kapitalexport, Kolonialpolitik und Welthandel drängten. 1871 lebten im Deutschen Reich rund 41 Millionen, 1913 waren es schon 67 Millionen. Mitte der achtziger Jahre überholte die Industrie mit Beschäftigtenzahl, Kapitalinvestitionen und Produktionswert die Landwirtschaft, und während 1848 erst 5000 Kilometer Schienen lagen, waren es 1885 mehr als 37 000.

Als Motor des industriellen Fortschritts wirkten jetzt neben Kohle und Stahl der Maschinenbau, die elektrochemische Industrie und die neuen Großbanken. Aus dem biedermeierlichen Idealismus der Humboldt und Uhland war der kalte Materialismus der Treitschke und Miquel geworden, wie er exemplarisch in Werner Sombarts »Händler und Helden« zutage tritt. »Militarismus ist der zum kriegerischen Geist hinaufgesteigerte heldische Geist. Er ist Potsdam und Weimar in höchster Vereinigung. Er ist Faust und Zarathustra und Beethoven-Partitur in den Schützengräben. Denn auch die Eroika und die Egmont-Ouvertüre sind doch wohl echtester Militarismus.« Die Ideen von 1914 waren geboren.

Was im Politischen und Philosophischen begann, vollendete sich im Literarischen und Ästhetischen. Emanuel Geibel und Paul Heyse, Gustav Freytag, Felix Dahn und Viktor von Scheffel, Karl von Piloty und Anton von Werner waren die neuen Heroen eines verspäteten Klassizismus und einer falschen Renaissance. Wie in Literatur und Malerei, so auch in Architektur und Plastik, nie ist unwahrhaftiger gebaut worden: Bahnhöfe und Kasernen als gotische Burgen, Fabriken als Renaissancepaläste und Fabrikantenvillen als Rokokoschlösschen. Illustrer Attizismus war in barockes Pathos, in spätrömische Vulgarität umgeschlagen. Ausländische Beobachter wie der kluge und gebildete Henry Adams sahen in dieser Mischung zu recht eine ästhetische Katastrophe durch geistiges Versagen: »Vierzig Jahre haben eine neue Schicht von schlechtem Geschmack zu allem vorigen gefügt. Es macht mich krank, wenn ich bedenke, dass dies das ganze Ergebnis meiner Lebenszeit ist. In Italien sah ich dasselbe, aber doch nicht in so riesigen Dimensionen ... alles in allem macht Deutschland mir den Eindruck eines hoffnungslosen Versagens.«

In diesem Geist empfängt das deutsche Bürgertum die Musik Richard Wagners und die Philosophie Friedrich Nietzsches. Statt des großen sozialen Romans, wie ihn England, Frankreich und Russland mit Dickens und Thackeray, Balzac, Flaubert und Zola, Gogol und Tolstoi hervorbringen, entstehen in Deutschland die Musikdramen Richard Wagners als ein Hymnus auf das Völkisch-Mythische. Raffinierteste Theatralik zum Zwecke der Erlösung des Volkes durch den Helden waren sie Opium für das Bürgertum. Zusammen mit dem ästhetischen Genie- und Heroenkult Nietzsches bildeten sie den kulturellen Resonanzboden für die Abkehr von Aufklärung, Zivilisation und bürgerlich-humanistischer Tradition.

Dabei ist entscheidend, was in das Werk hereingesehen oder besser noch herausgelesen wird. Nietzsches Kritik an neudeutschem Kulturphilistertum, Machtrausch, nationaler Überhebung und Rassenwahn verschwindet hinter dem Lob des Übermenschen. Seine Bewunderung für mediterrane Klarheit, die französischen Moralisten und die Musik Bizets passten nur schlecht zum deutschtümelnden Kulturpessimismus und spielten deshalb in der populären Nietzsche-Rezeption keine Rolle. Herrenmenschentum und rücksichtslose Verachtung alles Schwachen hingegen ließen sich problemlos von ihren ästhetischen und philosophischen Voraussetzungen in Griechentum und Renaissance lösen und zur Herrenmoral einer neuen deutschen Elite stilisieren.

So endet in der Verherrlichung der Barbarei, was als Kampf gegen die akademische Orthodoxie einer lebensfeindlichen Wissenschaftskultur begann. Novalis hat diese in Wagner und Nietzsche triumphierende Geisteshaltung am treffendsten charakterisiert: »Das Ideal der Sittlichkeit hat keinen gefährlicheren Nebenbuhler als das Ideal der höchsten Stärke, des kräftigsten Lebens, was man auch das Ideal der ästhetischen Größe benannt hat. Es ist das Maximum des Barbaren und hat leider in diesen Zeiten der verwildernden Kultur gerade unter den größten Schwächlingen sehr viele Anhänger erhalten. Der Mensch wird durch dieses Ideal zum Tier – zum Tiergeiste, eine Vermischung, deren brutaler Witz eben eine brutale Anziehungskraft für Schwächlinge hat.«

Das war der Grund, weshalb ein ästhetischer Faschismus auf große Teile des Bürgertums und der Intelligenz bald eine große Anziehungskraft ausüben sollte. Harry Graf Kessler schrieb 1935 in seinen Erinnerungen »Gesichter und Zeiten« im Rückblick: »Unsere Generation war wohl die erste, die von Nietzsche tief beeinflusst wurde. Zu Anfang war unser Gefühl eine Mischung aus angenehmem Gruseln und staunender Bewunderung. Vor dem

Monsterfeuerwerk seines Geistes, in dem ein Stück nach dem anderen unseres moralischen Rüstzeugs in Rauch aufging ... Nachdem die Gefährdung durch die Zeit aus einer theoretischen Möglichkeit zu einer tragischen Erfahrung geworden war, wurde uns klar, dass das raue Klima des Jahrhundertendes eine andere Gesundheit und Härte der Seele erforderte als das weiche und romantische deutsche Biedermeier.«

Es war die Tragik des Reiches, dass es mit dieser neuen Härte kaum von der Entwicklung seiner Nachbarn und Konkurrenten, von England und Frankreich, abwich; auch dort gab es einen Kipling, einen Cecil Rhodes oder die antisemitisch motivierte Verurteilung des Hauptmanns Dreyfuss. Nur Deutschland konnte sich diese Härte nicht leisten, es geriet viel früher als die alten europäischen Mächte an den Punkt, wo sich Europa gegen den vermeintlichen Störenfried in der Mitte zusammenschloss, sein Schicksal vollendete sich in der Außen-, nicht in der Innenpolitik. Um noch einmal den schon erwähnten Henry Adams zu zitieren: »Das Zentrum der Weltbewegung liegt meiner Meinung nach nicht in Russland und nicht bei uns, sondern in Deutschland. Seit 1865 war Deutschland das große Störungselement, und solange seine expansive Kraft nicht erschöpft ist, gibt es keine Ruhe, weder politisch noch wirtschaftlich. Russland kann sich ausdehnen, ohne die bestehende Ordnung zu sprengen, Deutschland nicht. Russland ist in mancher Hinsicht schwach und verfault. Deutschland ist ungeheuer stark und konzentriert, es hat im politischen und wirtschaftlichen Kampf alle Vorteile in der Hand.«

Schnell trieb das Reich seit der Jahrhundertwende auf jene Klippen zu, die Bismarck immer gefürchtet hatte: das Bündnis der anderen gegen die beiden deutschen Kaiserreiche. Die Feindschaft Frankreichs war seit 1870/71 eine Konstante, diejenige Russlands entwickelte sich mit dem Panslawismus und der angenommenen Protektorenrolle des Zarenreiches für die Südslawen, die Österreich-Ungarn zu schaffen machten. Also kam alles auf die Haltung und Stellung Englands an. Solange die unterschiedlichen Bündnisse nicht ausgeformt waren, hatte es ausgereicht, England indirekt über Österreich und Italien an Deutschland zu binden, zumal Bismarck davon ausgehen konnte, dass koloniale Streitigkeiten mit Frankreich und das britische Interesse an einer osmanischen Kontrolle der Dardanellen London auf Distanz zu Russland und Frankreich halten würden. Doch beide Voraussetzungen der Bismarckschen »Offenheit« gegen England schwanden um die Jahrhundertwende. Die Dardanellen-Frage trat in den Hintergrund gegenüber der deutschen Flottenrüstung, und Frankreich suchte und fand den kolonialen Ausgleich mit England.

Es gab zwar immer wieder Gelegenheiten für ein Bündnis mit der Insel, doch die kaiserliche Besessenheit mit der Flotte und die leichtsinnige Arroganz des Reichskanzlers von Bülow und seines außenpolitischen Gehilfen Holstein verhinderten den Abschluss. Während England schrittweise von der *splendid isolation* Abschied nahm, glaubte die Reichsleitung, sich eine solche leisten zu können, also den Rückversicherungsvertrag auslaufen zu lassen, und zugleich England zu provozieren. Obwohl die von Tirpitz, dem Staatssekretär im Reichsmarineamt, entworfene und gebaute Hochseeflotte nie zu einer ernsthaften Bedrohung Englands geworden ist, sahen die britischen Staatsmänner in ihr wie in dem Ausgreifen des Reiches über Wien und den Balkan hinaus nach Konstantinopel und Mesopotamien durch den Bau der Bagdadbahn den Versuch

Deutschlands, aus seiner halben, für Europa gerade noch tolerablen Hegemonie zur ganzen, also zur Weltmacht aufsteigen zu wollen. Und während Wilhelm II. an ein Spielzeug dachte, das sich für glänzende Paraden eignete und die englischen Vettern ärgerte, mit denen er durch seine englische Mutter in einer Art Hassliebe verbunden war, sahen die in ihm eine tödliche Bedrohung ihrer Weltstellung. Als er in Jerusalem auch noch als neuer Weltenkaiser und Beschützer der Christenheit posierte, waren die Würfel gefallen, und die bedrohte Seemacht schloss sich dem enger werdenden Bündnis der Erben der französischen Revolution mit der letzten Autokratie Europas an.

Dass dies unvermeidlich war, weil die Handelsströme nach neuen Absatzmärkten drängten und Weltpolitik deutsches Schicksal war, ist eine marxistische Mär, der auch sogenannte bürgerliche Historiker angehangen haben. Die von privaten Abenteurern fast zufällig und einigermaßen sinnlos zusammengebrachten deutschen Kolonien in Südwestafrika, Ostafrika, Togo und Kamerun spielten nie eine fiskalische oder ökonomische Rolle, und die Flotte war in Friedenszeiten für den Handel ohne Bedeutung und in Kriegszeiten, wie sich bald herausstellen sollte, nutzlos. Es war bloße Prestigepolitik, »Kompensation nationaler Frustrationen angesichts der imperialistischen Ausdehnung der Nachbarn« (Hagen Schulze), über die Bismarck kurz vor seinem Ausscheiden geurteilt hatte, »jede Großmacht, die außerhalb ihrer Interessenssphäre auf die Politik der anderen Länder zu drücken und einzuwirken und die Dinge zu leiten sucht, die periklitiert außerhalb des Gebietes, welches Gott ihr angewiesen hat, die treibt Machtpolitik und nicht Interessenpolitik, die wirtschaftet auf Prestige hin. Wir werden das nicht tun; wir werden, wenn orientalische Krisen eintreten, bevor wir Stellung dazu nehmen, die Stellung abwarten, welche die mehr interessierten Mächte dazu nehmen«.

Unter den Nachfolgern Bismarcks – Leo Caprivi, Hohenlohe-Schillingsfürst, dem geschmeidigen Bernhard von Bülow und schließlich dem ewig grauen Bethmann-Hollweg, der das Reich in den Ersten Weltkrieg führte – tat Deutschland das Gegenteil. Treibende Kraft waren dabei nicht die ostelbischen Junker, die mit der Verteidigung ihrer sozialen Vorrangstellung befasst waren, sondern der mit der rheinisch-westfälischen Schwerindustrie verbundene Teil des Bürgertums, der sich zur Durchsetzung seiner Ziele neuartiger Massenorganisationen wie des Alldeutschen Verbandes und des Flottenvereins bediente. Die letzten Jahre bis zum Krieg versuchte Deutschland, den Ring seiner Gegner zu sprengen. Doch die verschiedenen Marokko- und Balkan-Krisen, aus denen Deutschland und sein österreichischer Verbündeter mit wenig kolonialer Beute hervorgingen, schwächten den um Italien erweiterten Dreibund zusätzlich, da schnell klar wurde, dass Italien mit seinen lang gestreckten Küsten niemals gegen die führende Seemacht in einen Krieg eintreten würde.

Als der Weltkrieg vorbei und verloren war, waren sich die meisten Politiker und Historiker einig, dass Deutschland schuldlos in dieses Gemetzel geraten sei, und nichts hat der Akzeptanz des Versailler Vertrages mehr geschadet als die Feststellung von Deutschlands angeblicher Alleinschuld an diesem Krieg. Diese Sichtweise hat auch den Zweiten Weltkrieg überdauert und ist erst in den siebziger Jahren des vorigen Jahrhunderts durch die von Fritz Fischer angestoßene Kriegszieldiskussion verändert worden. Plötzlich galten wir als Alleinschuldige, deren raubtierhafte Eroberungsziele schon genügend verdeutlichen, dass das Reich diesen Krieg gewollt und herbeigeführt hat.

Inzwischen hat sich wieder eine maßvollere Einschätzung durchgesetzt: Schuld haben alle und Deutschland ein gerüttelt Maß davon, allerdings nicht wegen irgendwelcher imaginären Ziele, die nie von der Reichsleitung akzeptiert wurden, sondern wegen der Politik in den Jahren zuvor, die das Land isoliert, geschwächt und auf einen schnellen als den einzig noch möglichen Sieg eingeengt hatte. Als nach der Ermordung des österreichischen Thronfolgers Franz Ferdinand durch serbische Nationalisten in Sarajewo am 28. Juni 1914 Österreich sein Ultimatum formulierte, trieb man es an, statt es zu mäßigen aus Sorge um den Bestand und die Handlungsfähigkeit des einzigen Verbündeten. Als die Serben einzulenken schienen, bremsten Kaiser und Regierung, doch der Generalstab drängte auf die Mobilisierung, getrieben von der Angst zu spät zu kommen.

Denn die Deutschen handelten nach einem Plan, der Frankreichs Niederwerfung vorsah, ehe sich die russische Dampfwalze auswirken konnte. Also musste man schnell den Kriegszustand herbeiführen, um schnell marschieren zu können. Dass dieser Plan auch noch die Verletzung der Neutralität Belgiens vorsah und damit England unters Gewehr rief, zeigt, wie weit man sich von Bismarck entfernt hatte. Als der Kaiser nach Alternativen fragte für den Fall, dass England das Beiseitestehen Frankreichs garantieren würde, traf er auf den verzweifelten Widerstand des jüngeren Moltke. Es gab nur diesen einen Plan: zuerst Frankreich, dann Russland! »Ihr Oheim würde mir eine andere Antwort gegeben haben«, waren des Kaisers ebenso macht- wie hilflose Worte.

Der Primat der Politik, also die von dem Theoretiker des Krieges Clausewitz formulierte Einsicht, dass der Krieg nur die Fortsetzung der Politik mit anderen Mitteln sein könne, war dem Primat der Militärs gewichen. Nicht Kaiser, Kanzler und Reichstag bestimmten, gegen wen Deutschland Krieg führte, sondern die Planungen der Militärs, die sich dann auch noch als falsch erwiesen. Denn während sich der deutsche Vormarsch an der Marne festlief, konnten der aus dem Ruhestand zurückgeholte spätere Generalfeldmarschall von Hindenburg und sein Generalquartiermeister und Stabschef Ludendorff auch ohne die Truppen von der Westfront bei Tannenberg und in den Masurischen Sümpfen Russland schlagen und damit weitgehend ausschalten. Was danach noch geschah, war eine gewaltige Menschenschlächterei, von deren Orten nur noch Verdun in der Erinnerung geblieben ist. All die anderen Namen, von der Somme über die verschiedenen Champagne-Schlachten 1915 und 1916 bis nach Ypern, Arras und Cambrai in Flandern 1917 oder die große Durchbruchsschlacht bei Gorlice-Tarnow im Osten 1915 sind in Vergessenheit geraten, denn sie bewirkten nichts. Deutschland vermochte den Ring seiner Gegner nicht zu sprengen, und immer, wenn einer besiegt war, erschien ein neuer auf dem Kriegstheater: 1915 Italien, 1916 Rumänien, 1917 Griechenland und schließlich im selben Jahr die Vereinigten Staaten, die das kriegsmüde Russland ersetzten.

Am Ende herrschten die Mittelmächte von Brüssel bis Konstantinopel, doch die Alliierten über das Meer, und das war entscheidend. Die englische Blockade schnürte Deutschland von Rohstoffen und Lebensmitteln ab und brach auch den Durchhaltewillen einer Bevölkerung, die den Sieg zweimal – nach der Ausschaltung Rumäniens 1916 und nach der Kapitulation Russlands in Brest-Litowsk 1917 – zum Greifen nahe gefühlt hatten. Doch die fast unerschöpflichen materiellen und menschlichen Reserven

Amerikas entschieden schließlich das Ringen. Dass des Kaisers Flotte, die den Grund für die Feindschaft zu England gelegt hatte, im Krieg keine Rolle spielte, nachdem sie sich gegenüber der englischen Grand Fleet in der Schlacht am Skagerrak 1916 als strategisch nutzlos erwiesen hatte, dafür aber zum Schluß den Sturz des Kaisers und der Monarchie herbeiführte, gehört zu den von Tragik umflorten ironischen Volten der deutschen Geschichte.

Das protestantische deutsche Kaisertum war von Bismarck unter dem Gewehranschlag Europas aus der Taufe gehoben worden. Seine Konstruktion war nicht fehlerhafter als die seiner Nachbarn, des Zarenreiches und der französischen Republik. Mit den Ambivalenzen einer expandierenden Industriegesellschaft zwischen Tradition und Moderne mussten alle fertig werden. Sein größter Fehler war, dass es neu war, sein Bestand noch ungesichert. Bismarck hatte dem mit seiner Außenpolitik Rechnung getragen, seine Nachfolger wollten davon nichts mehr wissen. Das Scheitern des Reiches war Menschenwerk, nicht unentrinnbares Schicksal; es bedurfte nicht einer Stillstandsutopie, sondern nur des Augenmaßes. Doch das setzte Einsicht in die Bedingungen seiner Existenz voraus.

Was Bismarck immer beherrscht hatte, die Kunst, sich in andere hineinzuversetzen, war seinen Nachfolgern nicht gegeben. Am Ende bleibt die trostlose Antwort des Reichskanzlers Bethmann-Hollweg, der seinem Vorgänger Bülow auf die Frage: »Nun sagen Sie mir bloß, wie ist das alles gekommen?« mit hilflosem und traurigem Achselzucken entgegnete: »Ja, wer das wüsste!«

Republikanischer Versuch

Der größte Fehler der Republik war die Tatsache, dass sie keine gekrönte war, denn trotz des politischen Desasters, das der letzte Hohenzollernkaiser angerichtet hatte, gab es kaum Republikaner im Lande. Nicht einmal die SPD konnte sich Deutschland ohne seine Herrscherhäuser vorstellen, und Revolutionen machen nun einmal keinen Sinn, wenn sie nur die Form, aber nicht die gesellschaftlichen Inhalte verändern wollen. Der Acht-Stunden-Tag und die Anerkennung der Gewerkschaften als Tarifpartner vertrugen sich auch mit der monarchischen Regierungsform, und mehr als das wollten die Führer der Sozialdemokratie nicht. In den Worten Friedrich Eberts: »Wenn der Kaiser nicht abdankt, dann ist die soziale Revolution unvermeidlich. Ich aber will sie nicht, ja, ich hasse sie wie die Sünde.«

Längst war die SPD keine revolutionäre Partei mehr, und der ehemalige Sattlergeselle und spätere erste Reichspräsident hasste Unordnung, Auflösung, Gehorsamsverweigerung und den Zusammenbruch der Autoritäten so inbrünstig wie nur je ein Offizier oder Bürger. Die Revolution entsprach nicht demokratischem Wünschen und Wollen, sie kam als Ausfluss der Niederlage, weshalb sie schon ihren Beginn verstolperte. Erst als der Kommunistenführer Liebknecht am 9. November 1918 vom Balkon des Schlosses die sozialistische Republik ausrief, beeilte sich der Sozialdemokrat Philipp Scheidemann gegen den Willen Eberts die Republik pur, also ohne programmatische Epitheta, zu verkünden, worauf Wilhelm II. sein Hauptquartier in Spa Richtung Holland verließ. Wäre der Kaiser nicht bis zuletzt uneinsichtig geblieben und hätte die Umgestaltung des Reiches mutig in seine Hände genommen, wäre die Monarchie zu retten gewesen, nicht mit Kaiser und Kronprinz, aber doch mit der dritten Generation und einem intelligenten Reichsverweser, wie es der letzte Reichskanzler Wilhelms II., Prinz Max von Baden, war. Ob dann alles anders gekommen wäre, bleibt eine Frage von Glauben und Meinen, doch hätte es eine Figur aus der Gosse viel schwerer gehabt, die Loyalität des Bürgertums wie des Kleinbürgertums zu usurpieren. Gesellschaftliche Umbrüche verheilen am besten, wenn die Form wie die Traditionen gewahrt bleiben, so wie es England seit Jahrhunderten gehalten hat. Die Deutschen waren Monarchisten, nicht Gefolgsleute eines Führers.

Die Schuld dafür, dass es nicht so kam, liegt bei den alten Eliten, den monarchistischen Parteien, dem Generalstab, nicht auf Seiten der Linken. Sie hatten am Ende alles auf eine Karte gesetzt. Die große, die letzte durchschlagende Frühjahrsoffensive sollte den Durchbruch bringen. Was immer von Neuem versprochen wurde und nie gehalten werden konnte – zuletzt mit dem uneingeschränkten U-Boot-Krieg, der Amerika 1917 in den Krieg gebracht hatte – entglitt ein letztes Mal den zitternden Händen Ludendorffs. Und nun sollte alles ganz schnell gehen, möglichst innerhalb von Tagen. Auf der Basis der vierzehn Punkte des amerikanischen Präsidenten Wilson sollte dem Feind ein Waffenstillstandsersuchen übermittelt werden. Dass dieses Umschalten von Sieg auf Niederlage innerhalb von Stunden einen psychologischen Zusammenbruch auslösen musste, dürfte der Obersten Heeresleitung klar gewesen sein, sonst wäre sie wohl nicht auf den Gedanken verfallen, ausgerechnet einen Politiker der späteren Weimarer Koalition, den Zentrumsabgeordneten Mathias Erzberger, den Waffenstillstand abschließen, die Suppe auslöffeln zu lassen, wie sie es ebenso zynisch wie verfälschend nannten. Ausgerechnet diejenigen, die sich bis zuletzt jede Einmischung von ziviler Seite verbeten hatten, überließen die Schadensabwicklung den verachteten Zivilisten. Es war ein weiterer Fehler der ungeliebten Republik, die so mit einer Lebenslüge begann: Im Felde unbesiegt, war dem kämpfenden Heer der Dolch in den Rücken gestoßen worden, behaupteten die, die es besser wussten. Ein unerwarteter Zusammenbruch, eine von den Führern der SPD nicht gewollte Revolution und schließlich ein übler heuchlerischer Friedensvertrag waren die bösen Feen an ihrer Wiege.

Der Kampf gegen den Schandfrieden von Versailles hat das Fühlen und Denken der Generation unserer Großeltern stärker geprägt als es die Zahlen und Fakten nahe legen würden. Deutschland verlor ein Zehntel seiner Bevölkerung, ein Achtel seines Gebietes, einen Großteil seines Eisenerzes und einen beträchtlichen Teil seiner Kohlegruben. Elsaß-Lothringen, Danzig-Westpreußen und ein Teil Oberschlesiens gingen verloren, natürlich die Kolonien und die Hochseeflotte. Das Heer wurde auf Polizeiaufgaben reduziert und dem nach dem Zerfall des Habsburgerreiches heimatlos gewordenen Deutsch-Österreich der Anschluß an Deutschland verwehrt.

Doch es waren nicht diese Bestimmungen, die Empörung hervorriefen, sondern die durchgehende Heuchelei, dass das viel gepriesene Selbstbestimmungsrecht fast immer zuungunsten Deutschlands als des angeblich Alleinschuldigen an dem ganzen Elend ausgelegt wurde und das Reich mit zuerst unabsehbaren und dann unerfüllbaren Reparationsforderungen in einer Gesamthöhe von 132 Milliarden Goldmark auf Dauer in Abhängigkeit und Schwäche gehalten werden sollte. Selten noch hat ein Vertrag so sehr das zynische Urteil Talleyrands verdient: Er war schlimmer als ein Verbrechen, er war eine Dummheit. Hätte man das Bismarck-Reich in seine Teile zerlegt, einen Norden, einen Süden, eine Alpenföderation oder was auch immer geschaffen, um das europäische Gleichgewicht wieder ins Lot zu bringen, die Deutschen hätten sich eher damit abgefunden als mit dieser diplomatischen Spottgeburt. Versailles provozierte und beleidigte Deutschland, ohne ihm doch auf Dauer die Mittel vorzuenthalten, sich zu rächen; es fachte die Flamme nationalen Hasses an, statt sie zu zähmen, wie es noch die Verträge von Wien getan hatten.

So war der Beginn wenig vielversprechend. Denn der Kampf um Versailles und die Folgen vertiefte noch die soziale Zerklüftung und bot den rechten Parteien die Chance, über ihre soziale Basis hinaus an die nationale Loyalität zu appellieren. Obwohl die Oberste Heeresleitung auf die Aussichtslosigkeit weiterer Kampfhandlungen verwiesen hatte, stimmten nur SPD, USPD und Zentrum dem Vertrag zu. Deutschnationale Volkspartei und DVP, also Konservative und Liberale, widersetzten sich in der Nationalversammlung der Annahme, und ihre dabei geäußerte ausdrückliche Anerkennung der »vaterländischen Gründe« auch der anderen Parteien sollte bald vergessen sein.

Die Historiker haben die Weimarer Republik in drei Phasen unterteilt: Am Anfang herrscht das Chaos, begleitet von Inflation und Massenelend, danach gibt es eine Phase der scheinbaren Beruhigung und schwächlichen Aussöhnung einer Mehrheit mit der Republik und danach folgt der Absturz in halbautoritäre Lösungen inmitten von Massenarbeitslosigkeit und mühsam unterdrücktem Bürgerkrieg.

Gleich zu Beginn dieser Republik ohne Republikaner versuchen diejenigen, die das Ganze weitertreiben, und diejenigen, die ihm zugunsten des Vergangenen den Garaus machen wollen, Revolution und Umsturz. Es beginnt mit einem Aufstand der extremen Linken, den von der Sozialdemokratie endgültig getrennten Spartakus-Kommunisten, zuerst in Berlin im Januar 1919, dann in München im April des gleichen Jahres mit dem Ziel der Errichtung einer proletarischen Diktatur. Nur das von Ebert geschlossene Bündnis mit der Obersten Heeresleitung zur Unterstützung der gemäßigten Kräfte bewahrt das Land vor dem Abkippen in den Leninschen Bolschewismus, den der Kommunistenführer Karl Liebknecht und mit Vorbehalten auch Rosa Luxemburg wollen. Beide versuchen, die Revolution weiter zu treiben und die Voraussetzungen zu schaffen, Staat, Wirtschaft und Gesellschaft unter Berufung auf das russische Modell revolutionär umzugestalten – wobei der ursprünglich demokratische Rätegedanke immer stärker von der Leninschen Auslegung der Diktatur des Proletariats verdrängt wird.

Ihre Ermordung durch Freikorpsmänner ist die unmittelbare Folge davon und außerdem ein übervorsichtiger Umgang der Sozialdemokratie mit den alten Eliten. Statt sich eine republikanische Basis zu schaffen, stützt sich der Rat der Volksbeauftragten, das aus Sozialdemokraten und den weiter links stehenden Unabhängigen zusammengesetzte provisorische Exekutivorgan der jungen Republik, aus Sorge vor bolschewistischen Experimenten und einem Eingreifen der westlichen Siegermächte unbedingt und uneingeschränkt auf das alte Heer und die kaiserliche Beamtenschaft. Die Begründung dafür liefert der sozialdemokratische Theoretiker Eduard Bernstein, indem er feststellt: »Je weniger ausgebildet Gesellschaften seien, desto leichter vertrügen sie Maßnahmen, die auf ihre radikale Umbildung abzielten. Je vielseitiger aber ihre innere Gliederung, je ausgebildeter die Arbeitsteilung und die Zusammenarbeit ihrer Organe bereits sind, umso größer die Gefahr schwerer Schädigung ihrer Lebensmöglichkeiten, wenn versucht wird, sie mit Anwendung von Gewaltmitteln in kurzer Zeit in Bezug auf Form und Inhalt radikal umzubilden.«

Die Folge davon ist der restaurative Kapp-Lüttwitz-Putsch im März 1920, ein Umsturzversuch verschiedener Freikorpsverbände unter Führung des ostpreußischen Generallandschaftsdirektors Kapp und des Reichswehrgenerals von Lüttwitz, der allerdings am Widerstand der Beamten und der sozialdemokratischen Arbeiterschaft scheiterte. Die Reichswehr trägt hierzu nichts bei. Truppe schießt nicht auf Truppe, lässt deren Chef von Seeckt, der nach Stuttgart entwichenen Reichsregierung unter Reichskanzler Bauer ausrichten.

Revolutionäre Unruhen an Rhein und Ruhr werden von solchen in Hamburg abgelöst. Dem Versuch, in Sachsen und Thüringen 1923 eine neue, gegen das Reich gerichtete, revolutionäre Basis zu schaffen, folgt am 9. November 1923 der rechte Hitler-Putsch mit dem Ziel, von München aus das Reich aufzurollen. Da parallel dazu die schleichende Geldentwertung nach dem Krieg in eine galoppierende Inflation übergegangen ist, wird das Reich zahlungsunfähig und gibt damit Frankreich die Handhabe, dem in Versailles nicht erreichten Ziel der Rheingrenze doch noch näher zu kommen – französische und belgische Truppen besetzen das Rheinland.

Es ist der Höhepunkt der Unvernunft, denn sowohl die Besetzung als auch der dagegen vom Reich organisierte passive Widerstand, also Generalstreik und Nichtzusammenarbeit mit der Besatzungsmacht, machen schnell klar, dass sich wirtschaftliche und politische Ziele auf diese Weise nicht erreichen lassen. Aus vielen Wunden blutend und von allen Seiten angegriffen, wird die Bismarck'sche Schöpfung von einer Mehrheit als ihre nationale Heimstatt angesehen, ein rheinischer oder bayerischer Separatismus bleiben chancenlos.

Unter tatkräftiger britisch-amerikanischer Vermittlung wird die deutsche Währung saniert (ein US-Dollar kostete zuletzt 240 Millionen Mark) und der passive Widerstand abgebrochen. Der sogenannte Dawes-Plan aus dem Frühjahr 1924 verschafft Frankreich Sicherheiten an deutschen Unternehmen wie Reichsbank und Reichsbahn und setzt erfüllbare Annuitäten fest. Frankreich räumt daraufhin Offenburg und Dortmund und stellt den Rückzug seiner Truppen innerhalb eines Jahres in Aussicht.

In die chaotischen Tage der Republik fallen aber noch zwei Ereignisse, die nicht unerwähnt bleiben können – der Vertrag von Rapallo mit Russland im Jahre 1922 und kurz darauf die Ermordung Walter Rathenaus. Nach dem verlorenen Krieg waren das bolschewistische Russland wie die neue deutsche Republik die Outcasts der von den Westmächten errichteten und garantierten Friedensordnung. Was lag da näher, als sich einander anzunähern, um mehr Gewicht auf die Waagschalen des Mächtegleichgewichts zu bringen. Weder Russland noch Deutschland sahen die Versailler Ordnung als eine endgültige an. Indem beide in Rapallo auf gegenseitige Entschädigungsansprüche verzichteten und diplomatische Beziehungen aufnahmen, legten sie die Grundlage für eine mögliche Zusammenarbeit auch auf militärisch-politischem Gebiet, zu der es aber nur punktuell in Rüstungsfragen kam.

Es war die den veränderten Umständen angepasste Wiederaufnahme von Bismarcks Politik der Rückversicherung und sie ist als solche auch im Rückblick nicht zu kritisieren. Dass sich diese Politik für das geteilte Land gegenüber einer unendlich gestärkten Sowjetunion nach dem Zweiten Weltkrieg verbot, sagt nichts über ihren Wert im Jahre 1922. Sie verschaffte der »Erfüllungspolitik«, also dem Versuch, den Reparationsforderungen der Alliierten soweit wie möglich nachzukommen, gegenüber dem Westen eine politische Rückfallposition, die kein Risiko barg.

Dass der trotz aller inneren Widerstände letztlich dafür verantwortliche Außenminister Rathenau aus dem Umfeld derjenigen ehemaligen Offiziere und Freikorpsangehörigen heraus ermordet wurde, die dem Glanz und der Größe des Bismarck-Reiches nachtrauerten und es wiederherstellen wollten, zeigt nicht nur die Verrohung, sondern auch die Verwirrtheit der politischen Auseinandersetzung in jenen Jahren. Denn niemand hatte den Glanz des Reiches mehr geliebt als dieser schillernde jüdische Unternehmer, Literat, Kunstsammler und Freund des Kaisers, der eine frühe Niederlage im Jahre 1914 durch den Aufbau der Kriegsrohstoffversorgung abgewendet hatte und noch 1918 den Sieg durch die levée en masse erzwingen wollte. Für einen kurzen Augenblick schlossen sich die republikanischen Kräfte noch einmal zu einer machtvollen Demonstration zusammen: gewerkschaftlich organisierte Arbeiter auf der Straße und die Parteien der Weimarer Koalition einschließlich der Kommunisten und der Stresemann-Partei im Reichstag, wo der Reichskanzler Josef Wirth den Deutschnationalen zurief: »Da steht der Feind – und darüber ist kein Zweifel, dieser Feind steht rechts.«

Die Weimarer Reichsverfassung, nach deren Regeln der Staat zu funktionieren begann, nachdem das Chaos beendet und die Umsturzversuche von links und rechts abgewendet worden waren, unterschied sich in zwei entscheidenden Punkten von ihrer Bismarckschen Vorgängerin: Der Reichskanzler bedurfte des Vertrauens des Reichstages und an die Stelle des preußischen Königs und deutschen Kaisers trat ein vom Volk zu wählender Reichspräsident, dessen in Artikel 48 niedergelegte Notstandsvollmachten schon bald Bedeutung erlangen sollten. Der Reichspräsident, so formulierte es der Jurist Carl Schmitt, sei der Herr des Ausnahmezustandes.

In der Wahl zur Verfassungsgebenden Nationalversammlung, die noch vor Bekanntgabe der Versailler Friedensbedingungen im Januar 1919 ausgeschrieben wurde, hatten die Parteien der schwarz-rot-goldenen Republik, also Sozialdemokraten, Zentrum und Linksliberale, zusammen 76 Prozent der Stimmen, bei der Reichstagswahl am 6. Juni 1920 erhielten dieselben Parteien zusammen nur 43 Prozent und waren künftig, da Kommunisten und die wenigen Rechtsextremen politisch ausfielen, auf Rechtsliberale (DVP) und Deutschnationale angewiesen. Dies konnte entweder in Form eines Bürgerblocks mit oder ohne Unterstützung der SPD oder durch eine große Koalition erfolgen.

Beides wurde versucht, beide Koalitionen scheiterten immer wieder von Neuem, der Bürgerblock zumeist an außenpolitischen Problemen, seit die nationalliberale und monarchistische DVP unter Stresemann zur Partei einer konstruktiven Außen- und Erfüllungspolitik geworden war; die großen Koalitionen scheiterten an sozialpolitischen Fragen, also an Interessengegensätzen zwischen Arbeiterschaft und dem Bürgertum, auf dessen abwartender Zusammenarbeit die Republik beruhte. Das Ergebnis waren sechzehn

Reichsregierungen im Zeitraum von zwölf Jahren von durchschnittlich achteinhalb Monaten Lebensdauer, ein weiterer Grund für die brüchige Legitimität der neuen Ordnung.

Die mittleren Jahre Weimars sind geprägt von zwei Persönlichkeiten, dem kaiserlichen Generalfeldmarschall Paul von Hindenburg und dem immerwährenden Außenminister Gustav Stresemann, ursprünglich ein Mann der extremen Rechten, Freund Ludendorffs und Anhänger eines Siegfriedens bis fünf Minuten nach zwölf. Nachdem die Sozialdemokraten wegen der Reichsexekution gegen Sachsen und Thüringen, also der Absetzung ihrer sozialdemokratisch geführten Regierungen dort, die Weimarer Koalition verlassen hatten, gab es von 1925 bis 1928 einen Bürgerblock, in dem Stresemann unter verschiedenen Regierungschefs für die Außenpolitik verantwortlich zeichnete und ihr damit Kontinuität gab. Er führte Deutschland in die internationale Gemeinschaft zurück, überwand französische Revisionsängste mit dem Locarnopakt 1925, der England und Italien als Garantiemächte einband und erreichte in zähen Verhandlungen eine Rationalisierung der Reparationsfrage auf das wirtschaftlich und politisch Mögliche.

Was Stresemann schon damals vom Kölner Oberbürgermeister Konrad Adenauer und später von manchen Historikern vorgeworfen wurde, ist das Offenhalten der Grenzfragen im Osten. Doch eben das, die Trennung der Westgrenze von der Ostgrenze und damit die Aufschnürung von Versailles ist seine große diplomatische Leistung. Eine Anerkennung der Grenze zu Polen hätte er innenpolitisch nicht überlebt, sie entsprach aber auch nicht seiner Überzeugung, die immer die der friedlichen Revision von Versailles war. Stresemann wollte zurück zum Konzert der Mächte und strebte eine deutsche Vormachtstellung in

Mitteleuropa an. Bis dahin galt es, die Dinge offen zu halten, »zu finassieren und den großen Entscheidungen auszuweichen«.

In Stresemann wurde ein Monarchist und Annexionist Vernunftrepublikaner, in Hindenburg bekam die Republik nach dem allzu frühen Tod des ersten Reichspräsidenten Friedrich Ebert den Ersatzkaiser, der ein Minimum von Versöhnung zwischen rechts und links in den Bereich des Möglichen rückte und den Fehler vom November 1918, den Sturz der Monarchie, ungeschehen zu machen versprach. Seine Wahl schien zunächst eine Katastrophe für die Republik, die möglich wurde, weil die Kommunisten auf ihrem eigenen Kandidaten bestanden, der dem Republikaner und Zentrumsabgeordneten Marx die Stimmen vorenthielt, die er zum Sieg gebraucht hätte. Doch der Feldmarschall war weniger ein Mann des Kaiserreiches als des alten Preußen und dachte von Verfassungen etwa so wie Wilhelm I.: Verfassungen sind neumodisches Zeug und überflüssig, doch wenn man sie einmal beschworen hat, müssen sie gehalten werden. Und so hielt er es auch mit der Weimarer Reichsverfassung, jedenfalls so lange, wie der alte Herr das Gefühl hatte, die Mehrheit der Deutschen wolle die so verfasste Republik.

In den Geschichtsbüchern ist der zweite Reichspräsident mit dem unauslöschlichen Makel der Ernennung Hitlers zum Reichskanzler behaftet, weshalb Hindenburg-Straßen und Hindenburg-Kasernen weitgehend aus den Stadtbildern verschwunden sind. Doch auch wenn die Machenschaften seiner Berater und politischen Freunde das Ganze in ein ungutes Licht tauchen: Hitler war zum Zeitpunkt seiner Ernennung der Führer der größten Fraktion im Reichstag und Hindenburg damit nach der Verfassung im Recht, ihn mit der Regierungsbildung zu beauftragen. Der

Sieger von Tannenberg war weder Republikaner noch Demokrat, doch er ließ die Republik erst im Stich, als das Millionen Deutsche vor ihm getan hatten. Zwar entschuldigt ihn das nicht, denn er hatte anders als die Wähler der NSDAP geschworen, eben diese Republik zu verteidigen, als Schuldmilderungsgrund wird man den politischen Irrtum so vieler aber gelten lassen müssen. Dass ausgerechnet der Mann, der sein Leben lang nur die Bibel und das preußische Exerzierreglement lesen wollte, klüger sein und zu Hitlers »Mein Kampf« greifen würde, konnte wohl niemand erwarten.

Doch das greift den Ereignissen vor. Während der Stresemann- und frühen Hindenburg-Jahre sah es für einen historisch kurzen Moment so aus, als ob die Weimarer Republik ihren Geburtsfehlern entkommen, etwas monarchischen Glanz anlegen und ein zwar nicht geliebtes, aber doch respektiertes Staatswesen werden könnte. Dazu trug auch die kulturelle Blüte jener goldenen Zwanziger Jahre bei, die allerdings im Rückblick wohl eher verklärt werden. Denn alles oder doch fast alles, was Berlin damals zur Kulturhauptstadt Europas machte, hatte schon vor dem Krieg im Kaiserreich begonnen, wie der Ruhm der Gebrüder Mann oder Gerhart Hauptmanns geistige Repräsentanz.

Doch nachdem der Sturz der Monarchie alle Formen des künstlerischen Akademismus mit sich ins Grab genommen hatte, leuchtete die Avantgarde umso heller – sei es nun das Bauhaus von Walter Gropius und die Neue Sachlichkeit, die Theatermacher Erwin Piscator und Bertolt Brecht, Thomas Manns »Zauberberg«, Jüngers und Remarques Kriegserlebnisse oder Einsteins und Heisenbergs neue Physik. Das Medium des Tonfilms feierte seine großen Triumphe wie Joseph von Sternberg mit seinem »Blauen Engel« und in Heidegger und Spengler erwuchsen der Republik wirkungsmächtige Gegenphilosophen.

Das Land blieb politisch, gesellschaftlich und geistig zerrissen. Während in Berlin und den städtischen Zentren die neue Angestelltenwelt, wie sie der Soziologe Siegfried Kracauer im Jahre 1929 beschrieb, auf die nivellierte Mittelstandsgesellschaft der späteren Bundesrepublik vorauswies, blieben große Teile Ostelbiens dem adeligen Großgrundbesitz verhaftet. Und neben den bedeutenden liberalen Blättern – dem »Berliner Tageblatt«, der »Vossischen Zeitung« und der »Frankfurter Zeitung« – gewann die nationalistische Massenpresse der Scherl und Hugenberg Auflage und Einfluss. So war der Staat von Weimar nicht fest gegründet, als am »Schwarzen Freitag« 1929 taumelnde Aktienkurse in New York dem schönen Schein eines mit amerikanischen Krediten finanzierten Booms ein Ende bereiteten und die Republik in einen Strudel aus Firmenzusammenbrüchen, Arbeitslosigkeit und Massenelend stürzten, in dem sie schließlich unterging.

Die Geschichte ist oft erzählt worden und doch immer wieder lehrreich: Wie die letzte große und mit parlamentarischer Mehrheit regierende Koalition aus SPD und DVP unter Reichskanzler Hermann Müller, die 1928 den Bürgerblock abgelöst hatte, an der Erhöhung der Beiträge zur Arbeitslosenversicherung um ein halbes Prozent scheiterte, nachdem schon zuvor der in der Koalition vereinbarte Bau des Panzerkreuzers A im Reichstag nur mit den Stimmen der Konservativen gegen die Sozialdemokraten durchgesetzt werden konnte, die bei dieser Gelegenheit gegen ihren eigenen Reichskanzler stimmten. Doch das war nur die Oberfläche. Letztlich scheiterte die Regierung Müller daran, dass der Wille der bürgerlichen und sozialdemokratischen Partner zur Kompromisssuche erlahmt war. Während die wirtschaftlichen Schwierigkeiten im Mutterland der Demokratie eine nationale Regierung hervorbrachten, weil die Institutionen gefestigt und der Wille zum Klassenkompromiss vorhanden war, zerbröckelte in Deutschland das locker gefugte demokratische Fundament unter den Anforderungen des Regierens in Notzeiten. Das bürgerliche Lager spielte mit dem Notstandsgedanken des Artikel 48 der Reichsverfassung, und die sozialdemokratische Basis wollte nichts mehr mittragen, was den Interessen der Arbeiter zuwiderlief.

Hindenburg ernannte in dieser Situation den Zentrumspolitiker Brüning zum Reichskanzler, einen christlichen Gewerkschaftler und Frontoffizier, der zugleich national und sozial dachte, sich wie sein Vorbild Bismarck nur dem Ersatzkaiser Hindenburg verantwortlich fühlte und der falschen ökonomischen Überzeugung anhing, dass äußerste Sparsamkeit die Voraussetzung für die Überwindung der Krise sei. Zwar waren die Theorien von Keynes, also die Überlegung, dass man in schlechten Zeiten zur Ankurbelung der Wirtschaft Geld ausgeben müsse, um es hernach in besseren Zeiten wieder einzusparen, schon bekannt, hatten sich aber in Deutschland noch nicht durchgesetzt. Statt eine Politik des *deficit spending* zu versuchen, wie es Hitler und sein Finanzminister Schacht nach dem 30. Januar 1933 taten, sparte Brüning die Republik zugrunde.

Da sich für diese Politik, die Gehälter und Leistungen kürzte und Steuern erhöhte, keine Mehrheit fand, wurde sie bald regelmäßig über das Notverordnungsrecht des Reichspräsidenten nach Artikel 48 der Weimarer Reichsverfassung durchgesetzt. Die ersten beiden Notverordnungen Brünings hatte eine negative Reichstagskoalition auf Antrag der SPD noch zurückgewiesen. Die daraufhin erfolgte Auflösung und Neuwahl des Reichstages am 14.

September 1930, endete mit einem sensationellen Wahlsieg der NSDAP Adolf Hitlers, die von etwas über 800.000 Stimmen im Jahre 1928 auf 6,4 Millionen anwuchs und mit 107 Mandaten die zweitgrößte Fraktion im Reichstag wurde. Der politische Liberalismus wurde halbiert, allein Zentrum und Sozialdemokratie konnten ihre Wähler einigermaßen halten. Die bürgerlichen protestantischen Mittelschichten liefen in Scharen zu den Nationalsozialisten über. Hitlers Partei war seit diesen Wahlen soziologisch betrachtet eine Volkspartei, ja sie war die Volkspartei schlechthin, da sie nicht auf ein Milieu beschränkt war.

Es war eine Ironie des Schicksals, dass die Parteien der Weimarer Koalition sich noch ein letztes Mal hinter dem Generalfeldmarschall versammelten, um seine Wiederwahl im Jahre 1932 zu sichern, während viele seiner rechten Freunde von Stahlhelm und Deutschnationalen sich in der Stichwahl für Hitler entschieden. Hindenburg gewann am Ende mit 53 Prozent der Stimmen gegen Hitler, der immerhin 37 Prozent erhielt. Doch damit waren die Gemeinsamkeiten auch schon erschöpft. Hindenburg wurde zunehmend ungeduldig mit dem Notverordnungsregime, und die agrarisch-konservativen Kreise um ihn herum mit dem Reichskanzler, der – wenn auch vorsichtig – begann, die Subventionierung der ostelbischen Rittergüter in Frage zu stellen.

Hindenburgs Verhältnis zu Hitler war bisher das striktester Ablehnung gewesen, er traute dem »böhmischen Gefreiten« zu Recht nicht über den Weg. »Er könne es«, so hielt Präsidialkanzleichef Meissner in einem Vermerk fest, »vor Gott, seinem Gewissen und seinem Vaterlande nicht verantworten, einer Partei die gesamte Regierungsgewalt zu übergeben, noch dazu einer Partei, die einseitig gegen Andersdenkende eingestellt sei.« Doch Hitlers Bewegung war – so Hindenburgs Überzeugung – immerhin national gestimmt und hatte große Teile des Volkes hinter sich, was sich von Brüning nicht sagen ließ. Konnte man also nicht versuchen, Hitler und seine Partei mit dem Ziel einer autoritär-monarchischen Restauration in eine Koalition einzubinden, wie das der Zentrumsabgeordnete von Papen und seine Freunde anstrebten? Oder konnte man sich wenigstens die vernünftigen und staatserhaltenden Kräfte der Bewegung, den sogenannten Strasser-Flügel, zur Lösung der sozialen Frage dienstbar machen, wofür der Chef der Reichswehr, General von Schleicher, stand?

In jedem Falle musste Brüning gehen, der sich »hundert Meter vor dem Ziel« wähnte, nachdem Ende 1931 die Zahlungsunfähigkeit des Reiches festgestellt worden war und damit das Ende der Reparationen bevorstand, was schließlich 1932 in Lausanne beschlossen wurde. Auch die Rüstungsgleichberechtigung hatten die Alliierten dem Reich 1932 zugestanden. Brüning war am 30. Mai 1932 entlassen und durch den konservativen Herrenreiter von Papen und sein Kabinett der Barone ersetzt worden. Papen strebte irgendeine autoritäre Lösung mit oder ohne Hitler an und beseitigte deshalb als erstes die preußische Staatlichkeit, die republikanische Basis des Reiches, indem er Preußens sozialdemokratische Regierung, das Kabinett Braun-Severing, entließ und das Land dem Reich unterstellte. Als Begründung dienten die Ereignisse des »Altonaer Blutsonntages« vom 17. 7. 1932 an dem bei Straßenkämpfen zwischen Kommunisten, Nationalsozialisten und preußischer Polizei neunzehn Menschen erschossen worden waren. Immer weniger war die staatliche Macht in der Lage, den paramilitärischen Kampfverbänden der Rechten wie der Linken, SA und Rotfront, Paroli zu bieten. Dass ausgerechnet die Regierung Papen, die das Verbot der SA aufgehoben hatte, dafür den preußischen Innenminister verantwortlich machen wollte, charakterisiert den »Preußenschlag« als einen Willkürakt, als Verstoß gegen Recht und Gesetz, wie bald darauf auch das Reichsgericht befand, was allerdings ohne Folgen für Täter und Opfer blieb.

Die Ergebnisse der Reichstagswahl vom Juli 1932 entsprachen der aufgeputschten Stimmung im Lande. Die NSDAP verdoppelte ihren Stimmenanteil noch einmal, die bürgerlichen Parteien der Mitte außer dem Zentrum verschwanden fast vollständig. Der neue Reichstag wurde von Hindenburg sofort erneut aufgelöst, da sonst die Gefahr eines Misstrauensvotums gegen Papen bestanden hätte. Doch die Wahlen am 6. November erbrachten kaum Veränderungen; nur die Stimmen der NSDAP waren das erste Mal zurückgegangen. In dieser auch für die Nationalsozialisten krisenhaften Situation versuchte Kurt von Schleicher, der im Dezember 1932 von Papens schwierige Erbe angetreten hatte, die Bewegung zu spalten, um zusammen mit der Reichswehr, dem schon erwähnten Strasser-Flügel der NSDAP und den Gewerkschaften eine »soziale Querfront« zu bilden. Dieser Versuch wurde von Papen aus Eitelkeit und Rache für seine Entlassung vereitelt, von Hitler aus Selbsterhaltung und von der SPD, weil sie in den Plänen Papens und Schleichers eine größere Gefahr für Republik und Demokratie sah als in einer legalen Machtübernahme Hitlers.

So endete auch dieser letzte Versuch, Hitler von der Macht fernzuhalten, erfolglos, und erst nach dessen Scheitern erklärte sich Hindenburg bereit, Hitler mit der Regierungsbildung zu beauftragen, in der die Nazis nur eine Minderheit bilden, die konservativen Politiker aber in der Mehrheit sein sollten – eine Milchmädchenrechnung, wie sich schnell herausstellte.

Je nach ideologischem Standpunkt hat man für diesen größten anzunehmenden Unfall die unterschiedlichsten Schuldigen ausgemacht: Hindenburg und seine agrarischen Freunde, die deutsche Industrie, die die Partei Hitlers finanziert habe, die Kommunisten, die die bürgerliche Republik wie die »Sozialfaschisten« von der SPD hassten und im BVG-Streik 1932 auch eine Zusammenarbeit mit den Nazis nicht scheuten, die rechten Intellektuellen als geistige Wegbereiter und die linken Intellektuellen als Republikverächter. Und selbst Luther, Friedrich und Bismarck mussten als Verantwortliche dafür herhalten, dass der unterbrochene, abgebrochene, jedenfalls nicht vollendete Weg nach Westen Hitler erst möglich gemacht habe. In allem mag ein Körnchen Wahrheit stecken, doch Aufstieg und Erfolge der NSDAP haben am meisten mit zwei Krisen zu tun, die sich gegenseitig verstärkten: der wirtschaftlichen und einer psychologischen. Inflation, Massenarbeitslosigkeit – auf dem Höhepunkt der Krise waren über sechs Millionen Menschen arbeitslos – und Versailles waren mehr, als ein großer Teil des deutschen Volkes zu tragen bereit war. Nur durch ein gefestigtes, in Traditionen verankertes und von selbstsicheren Eliten geführtes und bewachtes Staatswesen hätte diese Krise vielleicht gemeistert werden können. In der ungeliebten und ungewollten Republik aber fehlten diese Voraussetzungen. Die Kräfte, die Hitler hätten verhindern können und müssen, waren schwächer und unsicherer als die entsprechenden Führungsschichten in anderen europäischen Ländern. Die Republik hatte Massenloyalität mit sozialen Wohltaten und Subventionen erkauft. Als diese unbezahlbar wurden, zerbröckelte auch die Loyalität. Oswald Spengler traf deshalb ins Schwarze, als er die Nazipartei und ihre SA die Organisation der Arbeitslosen durch die Arbeitsscheuen nannte. Das hat mit Bismarck, Friedrich oder Luther nichts zu tun, mit den Belastungen der Republik an ihrem Beginn durch Niederlage und Inflation umso mehr. Otto Braun, der preußische Sozialdemokrat, hat deshalb die Gründe für das Scheitern Weimars auf zwei einfache Nenner gebracht: »Versailles« und »Moskau«, ihre Herkunft aus der Niederlage und ihre Anfechtung von links wie rechts.

Nihilistische Versuchung

Nachdem alles vorüber war, und die Deutschen aus dem Taumel der Feuerstürme und Durchhalteparolen erwachten, gab es zu Beginn eine merkwürdige Scheu, sich der geschichtlichen Figur Hitlers zu nähern. Zu frisch, zu furchtbar war noch alles. Aber noch etwas anderes spielte eine Rolle: Wie sollte man sich einer Gestalt nähern, die alle Maßstäbe historischer Größe und moralischer Verworfenheit zu sprengen schien und die alle geschichtlichen Bösewichter von Timur über Richard III. und den Borgia-Papst bis hin zu Napoleon überragte, eben weil sie nicht nur das Schlechte auf die Spitze getrieben, sondern auch eine ungeheuere Willens- und Energieleistung vollbracht hatte.

Am Beginn standen die Erinnerungen derer, die den Untergang im Bunker miterlebt hatten, und die letzten Tage der Reichskanzlei als eine gewaltige Götterdämmerung beschrieben, in der ein gebrochener Greis zwischen knochenlosem Zittern und teppichbeißenden Wahnsinnsausbrüchen schwankte. Die in den darauf folgenden Jahren erschienen Porträts Hitlers folgten fast alle dem pädagogischen Impetus des »Nie wieder«. Deshalb wurden Leistungen und Erfolge oft auch dort geleugnet, wo sie die Zeitgenossen wahrgenommen hatten, schon um der

Gefahr eines Hitler-Mythos zu entgehen, da man glaubte, dass die Verbrechen allein nicht ausreichen würden, eine Mythologisierung zu verhindern. »Ich sehe jeden Ansatz von Mythos und Legende mit Schrecken«, schreibt Karl Jaspers an Hannah Arendt. Erst nachdem die Gefahr einer Wiederkehr des Gleichen endgültig gebannt war, haben vor allem Joachim Fest und Sebastian Haffner mit ihren Betrachtungen über Hitler die Historiographie wieder in ihr Recht eingesetzt und die Figur nicht mehr nur als ein »verdichtetes Vakuum«, ein »Ausstrahlungszentrum im Nichts« gesehen. Denn das ist ja das Dilemma all derer, die von der Figur absehen, sie in einer strukturgeschichtlichen Betrachtungsweise marginalisieren oder gar auflösen wollen: Sie können die politisch wie ökonomisch so sinnlose und moralisch zerstörerische Einzigartigkeit der nationalsozialistischen Verbrechen, den in der deutschen Vergangenheit an keiner Stelle angelegten Kulturbruch nicht erklären. Vielleicht zum letzten Mal bewahrheitet sich hier das Wort von den Menschen, die Geschichte machen, schlimmer noch, es war ein einziger Mensch, der sie machte. Hätte es diese Figur, diesen wurzellosen Kleinbürger mit seiner flackernden Genialität nicht gegeben, wäre Geschichte ganz anders verlaufen – die deutsche, die europäische und die Weltgeschichte. »Unmöglich kann ein seriöser Historiker behaupten«, schreibt Sebastian Haffner, »dass ohne Hitler die Weltgeschichte des 20. Jahrhunderts genauso verlaufen wäre, wie sie verlaufen ist. Es ist durchaus nicht sicher, dass ohne Hitler ein zweiter Weltkrieg überhaupt stattgefunden hätte; es ist ganz sicher, dass er sich, wenn er stattgefunden hätte, anders abgespielt hätte – möglicherweise sogar mit ganz anderen Bündnissen, Fronten und Ergebnissen. Die Welt von heute, ob es uns gefällt oder nicht, ist das Werk Hitlers. Ohne Hitler keine Teilung Deutschlands und Europas; ohne Hitler keine Amerikaner und Russen in Berlin; ohne Hitler kein Israel; ohne Hitler keine Entkolonisierung, mindestens keine so rasche, keine asiatische, arabische und schwarzafrikanische Emanzipation und keine Deklassierung Europas. Und zwar, genauer gesagt: Nichts von alledem ohne die Fehler Hitlers. Denn gewollt hat er das alles ja keineswegs. Man muss sehr weit in der Geschichte zurückgehen – vielleicht bis zu Alexander dem Großen, um einen Mann zu finden, der in einer unterdurchschnittlich kurzen Lebenszeit die Welt so grundstürzend und nachhaltig verändert hat wie Hitler.«

Nationalsozialismus, Krieg, Judenvernichtung – alles hat diesen einen Vater, der sich in der deutschen Geschichte nicht ankündigte und auf den sie nicht zugelaufen ist. Am Ende waren viele mitschuldig geworden, die Mittäter und Mitläufer, die SS-Schergen, eine gut verdienende Industrie, Offiziere, Beamte und auch ein Volk, das sich von Wohlstand und Vollbeschäftigung zeitweise sein Gewissen abkaufen ließ. Aber alle haben mehr oder weniger mitgemacht, nur einer hat das Ganze gewollt, geplant und ausgeführt. Ohne ihn, eine der Hölle entstiegene Figur, wie schon Friedrich Meineke bemerkte, wären deutsche Geschichte und deutsche Staatlichkeit nicht fast an ihr Ende gekommen. Als Hitler am 30. Januar 1933 zum Reichskanzler ernannt wurde, glaubten seine bürgerlichen Verbündeten an eine Fortsetzung der Republik von Weimar mit anderen Mitteln. Wie Weimar schon die Fortsetzung des Kaiserreiches durch die Oppositionsparteien des Kaiserreichs gewesen war, hofften nun die alten Träger der Hohenzollernmonarchie auf deren Wiederherstellung mittels geborgter, brauner Kräfte. »In zwei Monaten haben wir Hitler in die Ecke gedrückt, dass er quietscht«, war Papens

Vorstellung. Doch nach ein paar Monaten war der Vorgänger schon froh, dass er nicht unter den Toten des 30. Juni 1934 war wie ein anderer – General von Schleicher, Hitlers direkter Vorgänger.

Sebastian Haffner beginnt seine berühmten »Anmerkungen zu Hitler« nach einem Abriss seines Lebens mit den Kapiteln »Leistungen« und »Erfolge«, ehe er zu »Irrtümern«, »Fehlern« und »Verbrechen« kommt. Angesichts von sechs Millionen ermordeten Juden und unzähligen erschlagenen, erschossenen und auf viehische Weise umgekommenen Polen und Russen fällt es uns noch immer schwer, überhaupt Leistungen und Erfolge zu sehen. Doch zumindest in den Jahren 1933 bis 1939 sahen die Deutschen trotz aller Schönheitsfehler und dem eher verborgenen, denn offenen Terror Hitlers Regierung als erfolgreich an. Und das hatte vor allem mit der Beseitigung der Arbeitslosigkeit zu tun. Unterstützt von einem allmählichen Wiederanspringen der Weltwirtschaft machten Hitler und sein Wirtschaftsminister und Reichsbankpräsident Schacht genau das, was Roosevelt in den USA getan hatte und was für Brüning indiskutabel war: Sie kurbelten die Wirtschaft mit Krediten an, betrieben Keynessches *deficit spending* und holten die Arbeitslosen von der Straße. Dagegen ist oft eingewandt worden, dass die Pläne alle aus der Weimarer Zeit stammten, auch für den Bau der Autobahnen; doch waren das alles bis 1933 eben nur Pläne geblieben, die erst Hitler umsetzte.

Der Weimarer Republik weinten nur wenige eine Träne nach – weshalb denn auch das nach dem Reichstagsbrand verkündete Ermächtigungsgesetz, die Beseitigung der persönlichen Rechts- und Sicherheitsgarantien, das Verbot zuerst der Kommunisten, dann der Sozialdemokraten und die Selbstauflösung aller anderen Parteien außer der

NSDAP eher gelassen als widerwillig hingenommen wurden. Hitler beseitigte das Chaos auf den Straßen, indem er seine Gegner in Konzentrationslager steckte, eine »Ordnungspolitik«, die zwar von vielen nicht gebilligt, aber doch innerlich als für eine Übergangszeit notwendig akzeptiert wurde.

Nachdem auch die letzten halbwegs freien Wahlen keine absolute nationalsozialistische Mehrheit erbracht hatten, gab es nur noch Volksabstimmungen, und nach Hindenburgs Tod übernahm Hitler neben dem Kanzler- das Reichpräsidentenamt und wurde der »Führer«, eine in der fortgeltenden Weimarer Verfassung nicht vorgesehene Institution. Als Teile der SA, die an einem nationalen Sozialismus festhalten wollten, die zweite, die soziale Revolution von Hitler forderten, ließ er einen Teil der Führung am 30. Juni 1934 von der SS erschießen und beseitigte dabei gleich noch einige alte Gegner aus dem rechten Lager wie die Generäle von Schleicher und von Bredow, ohne dass Armee und Generalität dagegen aufstanden. »Der Führer schützt das Recht«, nannte das ein berühmter Jurist, womit die Umwandlung Deutschlands in einen Führerstaat weitgehend abgeschlossen war.

Nachdem sich Hitler von seinen »linken« Verbündeten getrennt hatte, schickte er auch die »rechten« in die Wüste. Vizekanzler Franz von Papen hatte kurz zuvor in seiner Marburger Rede die Terrorübergriffe und Rechtsbrüche gebrandmarkt. Der Verfasser dieser Rede, der Jungkonservative Edgar Jung, wurde gemeinsam mit den SA-Führern umgebracht, der Vizekanzler als Botschafter nach Österreich geschickt. Nun erwies sich als Mär, was Kommunisten und Konservative in seltsamer Gemeinsamkeit verkündet hatten, dass Hitler nur das Werkzeug von Großindustrie, agrarischen Interessen oder eben des Bürgertums sei: Der deutsche Nationalsozialismus war kein italienischer oder spanischer Faschismus, die beide letztlich Verteidigungsanstrengungen einer in die Defensive gedrängten Oberklasse waren; Hitlers Nationalsozialismus war das Produkt eines entwurzelten Kleinbürgertums, dem Hitler selbst angehört hatte, eine weder aristokratisch-bürgerliche, noch eine proletarische Angelegenheit, sondern etwas ganz eigenes, zugleich modern und archaisch, zwischen Sonnenwendfeiern und Lichtdomen oszillierend, eine deutsche Revolution, von der Heine einst prophetisch bemerkt hatte: »... wenn ihr es einst krachen hört wie es noch niemals in der Weltgeschichte gekracht hat, so wißt: der deutsche Donner hat endlich sein Ziel erreicht. Bei diesem Geräusche werden die Adler aus der Luft tot niederfallen, und die Löwen in der fernsten Wüste Afrikas werden die Schwänze einkneifen und sich in ihren königlichen Höhlen verkriechen. Es wird ein Stück aufgeführt werden in Deutschland, wogegen die Französische Revolution nur wie eine harmlose Idylle erscheinen möchte.«

Anders als Mussolini oder noch mehr Franco ging der Nationalsozialismus auch nie aus einer revolutionären Bewegungsphase in eine konservative Ordnungsphase über, war Hitler nie an einer Erneuerung des Staates, an verfassungsrechtlichen Prinzipien interessiert. Indem die großen NS-Organisationen, angeregt und gefördert von Hitler, untereinander dauernd um die Macht kämpften, blieben Machverhältnisse und Verwaltungsorganisation dauernd in Bewegung, eine nur durch Hitlers Persönlichkeit gebändigte Anarchie. Was nach außen wie ein straff organisiertes, hierarchisches Gebilde aussah, waren in Wirklichkeit untereinander um Macht und Einfluss konkurrierende Staaten im Staate. Hitler interessierte der Staat nur als Mittel zum Zweck des Kriegführens, nur Völker und Rassen waren für ihn echte geschichtliche Kräfte, weshalb es auch bis weit in den Krieg hinein ein merkwürdiges Nebeneinander von ordentlicher Verwaltung und Rechtsprechung und einer nationalsozialistischen Ordnung gab, die auf den widersprüchlichsten Führerbefehlen basierte. Während auf der einen Seite jeder normale Kriminalfall ordentlich angeklagt und abgeurteilt wurde, verschwanden Homosexuelle und Zigeuner ohne jede richterliche Anordnung in KZs, wurden psychisch Kranke zwangssterilisiert und umgebracht.

Wie im staatlich-verfassungsrechtlichen Bereich so auch im Bereich der Wirtschaft. Weil Hitler die Großindustrie nicht sozialisierte und von einigen wenigen Industriellen während des Kampfes um die Macht auch Geld genommen hatte, war er noch lange nicht ihr Werkzeug. Er umging die Eigentumsfrage, indem er die Menschen sozialisierte. Zu Hermann Rauschning, einem frühen Anhänger und zeitigen Kritiker, sagte er in diesem Zusammenhang: »Was haben wir das nötig: Sozialisierung der Banken und Fabriken – was das schon besagt, wenn ich die Menschen fest in eine Disziplin eingeordnet habe, aus der sie nicht herauskönnen – wir sozialisieren die Menschen.«

Und so fing man als Glied des Jungvolkes an, durchlief Hitlerjugend oder Bund deutscher Mädel, um über den Reichsarbeitsdienst und die NS-Frauenschaft in der Armee zu landen. Hierarchisch war das nicht immer, effektiv schon. Was Hitler bis weit in den Krieg hinein nur unvollkommen gelang, war die Gleichschaltung des Offizierskorps und der Kirchen. Zwar hatte die katholische Kirche Hitler mit dem Abschluss des Reichskonkordates im Jahre 1933 schon früh einen ersten diplomatischen Triumph beschert, aber der Katholizismus konnte nicht wirklich domestiziert werden, und mit der von den Theologen

Niemöller und Bonhoeffer inspirierten Barmer Bekenntnissynode von 1934 widerstanden auch Teile der evangelischen Kirche der Einvernahme durch eine nationalsozialistische Reichskirche.

Fast größer noch als die innenpolitischen waren die außenpolitischen Erfolge Hitlers. Hier profitierte er von Beginn an von der besonders in England verbreiteten Stimmung, dass Versailles sowohl moralisch wie realpolitisch ein Fehler gewesen war, den man nun nach Kräften korrigieren müsse. Doch während ähnliche Stimmen in der Weimarer Zeit immer wieder von Frankreich konterkariert wurden, war dieses nun schwächer und seine Einwände waren deshalb leiser geworden. Das Fatale an dieser an sich richtigen Appeasement-Politik war nur, dass sie gegenüber Stresemann, Brüning oder wem auch immer zur Beruhigung beigetragen hätte und in ihren Anfängen auch beigetragen hat, gegenüber Hitler aber völlig in die Irre ging. Denn er interessierte sich als Ideologe und Revolutionär weder für eine Revision von Versailles noch für die Grenzen von 1914, sondern allein für Volkstumskampf und Judenvernichtung.

Während man also mit guten Gründen die westlichen Zugeständnisse bis zum Münchener Abkommen als sinnvolle Investition in eine neue Friedensordnung interpretieren konnte, waren sie für Hitler nur Schritte auf dem Weg in einen Krieg, den er unbedingt haben musste, wollte er dem deutschen Volk neuen Lebensraum im Osten gewinnen und das Judentum in Europa ausrotten. Deshalb sein Zorn und seine Erbitterung, als ihm England und Frankreich in München 1938 ein letztes Mal nachgaben, die Tschechoslowakei opferten und sein Verbündeter Mussolini keinen Grund mehr für einen Krieg sah. Wieder und wieder hatte Hitler – zuletzt in den im sogenannten Hoßbach-Protokoll festgehaltenen Bemerkungen vor hohen Offizieren und Beamten 1937 – auf die Notwendigkeit des Raum- und Volkstumskrieges verwiesen. Nun wurde es Zeit, den Ankündigungen Taten folgen zu lassen. Auch deshalb haben die Krisen um den Austritt aus dem Völkerbund 1933, die Wiedereinführung der allgemeinen Wehrpflicht 1935, die Besetzung des entmilitarisierten Rheinlandes und die Kündigung des Locarno-Vertrages 1936, den Anschluss Österreichs 1938 und die Zerschlagung der Tschechoslowakei im selben Jahr so etwas Monoton-Unfruchtbares. Niemals ging es um »Frieden in unserer Zeit«, wie der britische Gentleman und Premierminister Chamberlain nach seiner Rückkehr aus München meinte, und niemals ging es um die Wiedergewinnung deutscher Großmachtstellung in Mitteleuropa oder die Wiedergutmachung des in Versailles begangenen Unrechts, sondern immer ging es um die Ausgangsposition für den großen Rassen- und Volkstumskrieg, den sich Hitler um keinen Preis, auch nicht um den der Rückgabe Danzigs und der Durchlässigmachung oder gar Aufgabe des polnischen Korridors, abhandeln lassen wollte.

Doch das konnten die alliierten Staatsmänner bis in die Jahre 1938/39 hinein nicht wissen, da ein um unsinniger Ziele willen vom Zaun gebrochener Angriffskrieg nicht in ihre Vorstellungswelt passte. Auch deshalb ist die oft ungerechtfertigte Kritik der Nachgeborenen an der Appeasement-Politik wohlfeil. Doch spätestens mit dem Einmarsch in die Rest-Tschechoslowakei im März 1939 hatte Hitler das Spiel überreizt. Das erste Mal ergriffen Frankreich und England Gegenmaßnahmen, wenn auch schwächliche. Polen, diesem unglückseligen Gebilde aus der Schlussphase des Ersten Weltkriegs, wurde eine Grenz- und Bestandsgarantie gegeben, und Verhandlungen mit Russland wurden aufgenommen. Aber noch einmal war Hitler präziser und schneller. Da er Verträge nicht als auf Dauer einzuhaltende Verpflichtungen ansah, konnte er sich schnell mit Russland über eine Aufteilung Polens einigen. Und so lief die britisch-französische Garantie ins Leere und konnte zu keiner Zeit militärisch abgesichert werden – eine Erfahrung, die polnisches Handeln bis heute bestimmt und das Land zum sichersten Verbündeten Amerikas macht.

Um die Frage nach der Schuld am Ausbruch des Zweiten Weltkrieges hat es keine großen Kontroversen gegeben. Zu offensichtlich waren Wunsch und Wille Hitlers, diesen Krieg zu führen. Er selbst hat daraus nie ein Hehl gemacht. Zwar trifft die Sowjetunion mit dem Abschluss des Nichtangriffpaktes, also des berühmten Molotow-Ribbentrop-Abkommens vom 23. August 1939, eine erhebliche Mitschuld, doch kann man dies auch den Westmächten vorwerfen, die durch ihre Zögerlichkeit der Sowjetunion keine andere Wahl ließen, als sich durch einen Pakt mit Hitler aus der drohenden Isolierung zu befreien. Schon das Münchener Abkommen war ohne jede Konsultation mit der Sowjetunion geschlossen worden, was diese auf den Gedanken bringen konnte, nicht Teil westlicher Überlegungen hinsichtlich eines Sicherheitssystems zu sein, das vor Deutschland Schutz bot.

Zu Beginn ging alles sehr schnell. Blitzkrieg nannte man das damals und später. Die schlecht ausgerüsteten und mangelhaft geführten Polen waren dem Ansturm der deutschen Panzer keine zwei Wochen gewachsen, die versprochene Unterstützung der Westmächte blieb aus, eine Offensive über den Rhein hinweg wurde gar nicht erst versucht. In dem sogenannten »phoney war« lagen sich Franzosen und Deutsche gegenüber. Im April 1940 fielen deutsche Truppen über Dänemark und Norwegen her, um die

Eisenerzzufuhr aus Schweden gegen England zu sichern. Die Offensive im Westen begann im Mai. Die holländische Armee kapitulierte nach drei Tagen, die belgische nach drei Wochen, die französische nach sechs. Was das kaiserliche Deutschland in vier Jahren nicht geschafft hatte – die Niederwerfung Frankreichs – erledigten die Panzer Mansteins in Wochen. Hals über Kopf musste das britische Expeditionskorps bei Dünkirchen das Festland räumen und rettete sich ohne Material zurück auf die Insel.

Hitler beherrschte nun Europa, doch er hatte keine Vorstellung von einer Friedensordnung. Statt den unterworfenen Völkern und Staaten eine neue Ordnung zu offerieren, bot er England Frieden an, um gemeinsam mit dem anderen »germanischen Herrenvolk« seinen Raum- und Volkstumskrieg im Osten zu führen oder diesen doch wenigstens abzusichern. Als England ablehnte, sollte die Luftschlacht um England die Insel reif für die Invasion machen. Als dies misslang, wendete Hitler sich seinem eigentlichen und ursprünglichen Ziel, der Sowjetunion zu, obwohl Deutschland den Rücken nicht frei hatte. Nach einem verzögernden Zwischenspiel auf dem Balkan und in Griechenland, wo Mussolini in Schwierigkeiten geraten war, begann am 22. Juni 1941 der Krieg im Osten. Nach anfänglich großen Erfolgen blieb die Offensive im Dezember des Jahres vor Moskau im Schnee stecken, so wie einst Napoleon in den russischen Winter geriet. Nachdem nur mit Mühe eine Katastrophe verhindert werden konnte, erreichten die deutschen Angriffsspitzen im Sommer 1942 den Kaukasus und Stalingrad und damit ihre weitesten Ziele.

Als aber neue und ausgeruhte Kräfte die sechste Armee in Stalingrad einschlossen, hatten die Deutschen keine Kraft mehr, den Ring zu sprengen, nachdem Hitler den rechtzeitigen Ausbruch verboten hatte. Stalingrad wurde zum Symbol der Wende, die sich auch in anderen Teilen ankündigte. Im Dezember 1941 hatten die Japaner Pearl Harbour überfallen und Hitler hatte Amerika ohne Not den Krieg erklärt. Als deutsche Truppen 1942 zur Unterstützung Italiens fast bis an die ägyptische Grenze vorstießen, wurden sie bei El Alamein von den Briten geschlagen und mussten im Laufe der Jahre 1942/43 zuerst Nordafrika und danach große Teile Italiens räumen.

Nachdem die letzte große Offensive bei Kursk im Sommer 1943 zusammengebrochen war, waren die strategischen Möglichkeiten Deutschlands erschöpft. Der Krieg näherte sich nun wieder den deutschen Grenzen und wurde von den alliierten Bombergeschwadern in die Städte des Reiches getragen. Was Deutschland in Warschau, Rotterdam und Coventry begonnen hatte, setzten englische und amerikanische Bombenflugzeuge nun fast ohne Gegenwehr fort: die Zerstörung der jahrhundertealten Bausubstanz in Hamburg, Köln, Lübeck, Würzburg, Berlin, Potsdam und Dresden. Aus Hitlers leichten Siegen war die größte Massenschlächterei der Weltgeschichte geworden – allein in Polen kamen sechs Millionen Menschen ums Leben, in der Sowjetunion gar zwanzig Millionen.

Und während Hitlers Befehle stur und unbeweglich das unbedingte Halten des Raumes über jedes sinnvolle militärische Ziel hinaus festschrieben, begann die Vernichtung der europäischen Juden, die Hitler vollenden wollte, ehe Amerikaner, Engländer und Russen die Festung Europas stürmen konnten. Schon in den Anfangsjahren waren die deutschen Juden durch Boykott, die Nürnberger Gesetze und die Zerstörung der Synagogen in der sogenannten Reichskristallnacht am 9. November 1938 auf den Status einer rechtlosen Minderheit herabgedrückt worden, doch erst jetzt wurde auf der berüchtigten Konferenz in einer Villa am Wannsee im Jahre 1942 ihre Vernichtung zum wichtigsten und vordringlichsten Staatsziel erhoben. Aus dem Politiker Hitler war endgültig der Massenmörder geworden. Von jetzt ab rollten die Züge in die Vernichtungslager, in denen insgesamt sechs Millionen Menschen ermordet, erschlagen, erschossen oder vergast wurden. Auch als die zusammenbrechenden Fronten jede verfügbare Transportkapazität erforderlich machten, hatte der Nachschub von Menschen für die Verbrennungsöfen von Auschwitz und Treblinka – »die Stankhöhlen grauenhafter Sorte darinnen auf alle Ewigkeit verworfenes Gelichter sich an der Schändung der Menschenwürde und Menschenfreiheit schauerlich ergötzt« (Ernst Jünger) – Vorrang vor dem Nachschub für die kämpfende Truppe.

In dieser dunklen Nacht der von Hitler und seinen Schergen angerichteten menschlichen und geistigen Katastrophe bildete allein der Widerstand eine leuchtende Ausnahme. »Ich hatte wohl erwartet, dass in der letzten Phase des Ringens um die Marina der Adel in Erscheinung treten würde – denn in den edlen Herzen brennt das Leiden des Volkes am heißesten. Wenn das Gefühl für Recht und Sitte schwindet und wenn der Schrecken die Sinne trübt, dann sind die Kräfte des Eintagsmenschen gar bald versiegt. Doch in den alten Stämmen lebt die Kenntnis des wahren und legitimen Maßes und aus ihnen brechen die neuen Sprossen der Gerechtigkeit hervor«, so beschreibt Ernst Jünger in seinen »Marmorklippen« diesen Aufstand des Gewissens. Es waren die besten des preußischen Adels, die Witzleben, Yorck, Moltke, Hardenberg, Schwerin, Kleist, Lynar und Schulenburg, die zusammen mit Gewerkschaftlern, Professoren, Beamten, Diplomaten sich in letzter Stunde zu der Tat aufrafften, über die einer von ihnen,

Oberst von Tresckow, sagte: »Das Attentat muss erfolgen, coûte que coûte. Sollte es nicht gelingen, so muss trotzdem in Berlin gehandelt werden. Denn es kommt nicht mehr auf den praktischen Zweck an, sondern darauf, dass die deutsche Widerstandsbewegung vor der Welt und vor der Geschichte den entscheidenden Wurf gewagt hat. Alles andere ist daneben gleichgültig.« Als die Bombe ihr Opfer verfehlte und Hitler am Leben blieb, starb der Attentäter, Oberst von Stauffenberg, unter den Kugeln des Erschießungskommandos mit dem Ruf »Es lebe das heilige Deutschland«.

Die Tat und ihre Urheber haben es in Deutschland schwer gehabt. Wer Freislers Volksgerichtshof entkam, wurde noch nach 1945 als Verräter betrachtet, wie der Präsident des Verfassungsschutzamtes Otto John, dem Adenauers Geheimdienstchef Gehlen nachrief »einmal Verräter, immer Verräter«. Die nächste Generation denunzierte den Widerstand als Versuch, sich den Folgen eigenen Tuns zu entziehen, und stellte die Träger alter Namen in die reaktionäre Ecke. Doch es war kein egoistisches Aufbegehren; vielmehr fand im Widerstand ein Teil der alten Elite wieder Zugang zum Allgemeinverbindlichen. Für sie alle hat der Mentor der Geschwister Scholl, Professor Huber, vor dem Volksgerichtshof das allzeit gültige Schlusswort gesprochen: »Ich habe gehandelt, wie ich aus einer inneren Stimme heraus handeln musste. Ich nehme die Folgen auf mich nach dem schönen Wort Johann Gottlieb Fichtes: Und handeln sollst du so als hinge / von dir und deinem Wort allein / das Schicksal ab der deutschen Dinge, / und die Verantwortung wär' dein.«

In den letzten Monaten wurde aus Hitlers Krieg gegen die Welt ein Krieg gegen das eigene Volk, denn es machte keinen Unterschied, ob man die Seinen in der Hölle von

Theresienstadt oder von Plötzensee verlor, wie es einer der Stauffenberg-Brüder formulierte. Mit dem sogenannten Nero-Befehl sollte den Deutschen jede Überlebensmöglichkeit genommen werden. Gegenüber seinem Rüstungsminister Speer begründete Hitler das mit den Worten: »Wenn der Krieg verloren geht, wird auch das Volk verloren sein. Es ist nicht notwendig, auf die Grundlagen, die das deutsche Volk zu seinem primitivsten Weiterleben braucht, Rücksicht zu nehmen. Im Gegenteil ist es besser, selbst diese Dinge zu zerstören. Denn das Volk hat sich als das schwächere erwiesen, und dem stärkeren Ostvolk gehört ausschließlich die Zukunft. Was nach diesem Kampf übrig bleibt, sind ohnehin nur die Minderwertigen, denn die Guten sind gefallen.« Was Speer und andere vernünftigere Naziführer im Materiellen verhindern konnten, hat der Diktator im Ideellen fast geschafft, die Zerstörung der Identität der Deutschen, ihres Stolzes, ihrer Vergangenheit und ihrer Erinnerungen. Zwar hat Golo Mann recht, wenn er findet, dass die Geschichtsschreiber Hitler viel zu viel Ehre antun, wenn sie uns glauben machen wollen, Deutschland habe seit hundert Jahren nichts anderes getrieben als sich auf das unvermeidliche Ende, den Nationalsozialismus, vorzubereiten. Und doch ist eben dieser Vorwurf an die Deutschen und ihre Geschichte tief in unser Bewusstsein eingedrungen, hat uns mit Peter Benders Worten das Kreuz gebrochen und erschwert es uns bis heute, gemäß unseren Interessen zu handeln. Vor Auschwitz war das, was aus der Vergangenheit auf uns gekommen ist, nach dem berühmten Diktum Hegels gut und vernünftig, seitdem hat sich die Beweislast umgekehrt. Was einmal war, muss nachträglich beweisen, dass es keine Ursache für den Holocaust gesetzt hat. Kein verheißungsvoller Anfang für eine deutsche Geschichtsstunde.

Geteiltes Land

Als alles zu Ende war, und Hitler im Bunker seinem Leben ein Ende gesetzt hatte, schien auch die deutsche Geschichte erst einmal zu Ende. Die Welt schaute mit den Augen Hölderlins auf die Deutschen: »Ich wollte nun aus Deutschland wieder fort. Ich suchte unter diesem Volke nichts mehr, ich war genug gekränkt, von unerbittlichen Beleidigungen, wollte nicht, dass meine Seele vollends unter solchen Menschen sich verblute«.

Die oberste Regierungsgewalt ging auf die alliierten Sieger über, und an die Stelle einer deutschen Reichsregierung trat der alliierte Kontrollrat. Was Hitler und seine Getreuen im Bunker von der Vorsehung erhofft hatten, ein neues Wunder des Hauses Brandenburg, also das Auseinanderfallen der Sieger, trat jetzt ein, teilte das Land, aber half diesen Teilen auch zu unerwartet schnellem Wiederaufstieg.

Die Pläne für Deutschland waren vage. Die Einteilung in Besatzungszonen war beschlossene Sache, aber Deutschland sollte als Ganzes verwaltet werden, denn an einer Teilung hatte die östliche Siegermacht schon deshalb nur geringes Interesse, weil aus dem ausgebluteten Mitteldeutschland am wenigsten herauszuholen war. Die Wünsche der Sowjets zielten auf Rhein und Ruhr. In Potsdam einigte man sich im August 1945 auf Zonengrenzen, die Reduzierung des deutschen Siedlungsraumes um ein Viertel bis zu Oder und Neiße, die Vertreibung der noch verbliebenen Deutschen und auf allerhand demokratische Inhalte, unter denen jedoch jeder etwas anderes verstand. Das konnte auch nicht anders sein, denn schon im Frühjahr 1945 hatte Stalin im Gespräch mit jugoslawischen Kommunisten klar gemacht: »Dieser Krieg ist nicht wie in der Vergangenheit; wer immer ein Gebiet besetzt, erlegt ihm auch sein eigenes gesellschaftliches System auf. Jeder führt sein eigenes System ein, soweit seine Armee vordringen kann. Es kann gar nicht anders sein.«

Wirklich einig war man sich nur darin, dass Deutschland nie wieder in die Lage kommen sollte, seine Nachbarn zu bedrohen und den Weltfrieden zu stören. Diesem Ziel diente das Nürnberger Kriegsverbrechertribunal und die formelle Auflösung Preußens durch Kontrollratsbeschluss – beides höchst anfechtbare, aber symbolträchtige Maßnahmen, da einmal die juristischen Grundlagen des Nürnberger Verfahrens recht zweifelhaft waren und mit der Sowjetunion ein ebenfalls Schuldiger die Richterbank einnahm, zum anderen Preußen längst aufgehört hatte zu bestehen. In dem zerstörten Land interessierte beides wenig. Als die ersten Wahlen nicht die von den Sowjets erhofften Ergebnisse brachten, wurde mit Druck nachgeholfen: Am 22. April wurden SPD und KPD in der Sowjetischen Besatzungszone zwangsvereinigt, obwohl die einzige Urabstimmung zu dieser Frage in den Westsektoren Berlins 82 Prozent gegen die Vereinigung erbrachten.

Man hat damals und später ausgiebig über die Schuld an der Teilung gestritten und dabei immer von Neuem erste Schritte bewertet, die diese oder jene ergriffen und die die Schraube der Teilung eine Drehung weiter gedreht hatten.

Tatsächlich waren die Vorstellungen von Anfang an unvereinbar, und nur Größenwahn und Verbrechen Hitlers hatten die widernatürlichen Verbündeten beieinander gehalten. Der war jetzt tot, der Nationalsozialismus besiegt und für die beiden neuen Weltmächte, Amerika und Russland, ging es um die Frage, wer Europa beherrschen werde. Und das wiederum hing davon ab, wer Deutschland beherrschen konnte. Die Sowjetunion hatte zu Beginn des Spaltungsprozesses noch ein anderes wirtschaftliches Interesse an Reparationen und Leistungen aus den westlichen Zonen, Amerika und seine Verbündeten dagegen hatten gar kein Interesse an einem instabilen Gesamtdeutschland, das für kommunistische Putsche anfällig war, wie sie bald in Rumänien, Polen und später in der Tschechoslowakei stattfinden sollten. Zwar boten amerikanische Politiker – zuerst Außenminister Byrnes 1946, danach George Marshall 1947 – die Einbeziehung des sowjetischen Teils Europas in Wiederaufbauhilfe und Währungsstabilisierung an, doch der Preis dafür, die Beibehaltung einer kapitalistisch-demokratischen Ordnung mit wirklich freien Wahlen, war Stalin und den Sowjets zu hoch.

Als die Westmächte deshalb in ihrem Teil mit einer Währungsreform die wirtschaftliche und politische Stabilisierung einleiteten, antwortete Stalin 1948 mit der Berliner Blockade. Nach deren Überwindung durch die Luftbrücke gab es kein Zurück mehr zu gemeinsamer Politik und Verwaltung. Alle weiteren Versuche der allmählich entstehenden deutschen Länder und ihrer Ministerpräsidenten, Deutschland trotz aller weltpolitischen Fliehkräfte zusammen zu halten, waren deshalb zum Scheitern verurteilt, und Konrad Adenauer, der »Bundeskanzler der Alliierten«, wie ihn der SPD-Vorsitzende Kurt Schumacher einmal nennen sollte, war letztlich im Recht, wenn er auf Freiheit vor Einheit, auf Westintegration, also auf das amerikanische Bündnis setzte. Rapallo oder gar Locarno waren von der schmalen Basis eines geteilten Landes aus nicht mehr möglich. Rathenau und Stresemann deshalb auch nur noch wehmütige Erinnerung an längst verspielte Möglichkeiten.

Die beiden Staatsgründungen der Bundesrepublik Deutschland und der Deutschen Demokratischen Republik im Jahre 1949 waren die logische Folge einer weltpolitischen Situation, die Deutschland keinen anderen Spielraum ließ als eine möglichst komfortable Einbettung seiner zwei Besatzungshälften in die entstehenden Lager. Napoleons Vorhersage, Europa und damit Deutschland werde in hundert Jahren entweder amerikanisch oder kosakisch sein, war eingetroffen. Adenauer sah das am klarsten und so wurde er auch folgerichtig der erste Kanzler der neuen westdeutschen, rheinischen Republik.

Doch zuvor musste noch eine provisorische Verfassung ausgearbeitet werden, und die zog manch kluge Schlussfolgerung aus dem Ende von Weimar. Parteien mussten fünf Prozent überspringen, um ins Parlament zu gelangen, und destruktive Konstellationen wie in Weimar, die nur dazu taugten, Regierungen zu stürzen, statt sie zu bilden, verhinderte künftig das konstruktive Misstrauensvotum. Damit wurde der Kanzler zum Anker der Verfassung und ein Ersatzkaiser wie der Reichspräsident mit Notstandsvollmachten unnötig. Die Länder konstituierten das Ganze, womit man an die alten föderalen Traditionen des Reiches anknüpfte und Übersichtlichkeit, Subsidiarität und Geborgenheit an die Stelle eines ins Weite schweifenden Zentralstaats setzte. Das Grundgesetz wurde so zu einer gelungenen Mischung aus geschichtlichen Traditionen, neueren Erfahrungen und weiser Voraussicht.

Adenauer wurde mit einer (seiner eigenen) Stimme Mehrheit zum Bundeskanzler gewählt und hatte das Amt bis 1963 inne, als der Wandel der Umstände und ein hohes Alter ihn zur Aufgabe zwangen. Nachfolgende Generationen haben gern über die Adenauer-Restauration gelästert und der neuen Bundesrepublik alle möglichen, meist marxistisch gefärbten Vorwürfe gemacht. Zwar ist richtig, dass Adenauer ein bürgerlicher Politiker der Weimarer Republik war, doch sein Staat wurde etwas völlig Neues und hatte keine Ähnlichkeit mit der unglückseligen Weimarer Republik, noch viel weniger mit dem in Schande versunkenen Dritten Reich. Völlig neu waren nicht nur die Westbindung, die Verträge über die Kohle- und Stahlunion, die später in die Europäische Wirtschaftsgemeinschaft und am Ende in die Europäische Union führten; neu war auch der sozialpolitische Ausgleich zwischen Einheimischen und Vertriebenen, zwischen oben und unten, arm und reich. Mit dem Bundesversorgungsgesetz von 1950 wurde drei Millionen Kriegsgeschädigten geholfen. Das Lastenausgleichsgesetz von 1952 setzte eine bis dahin nie gekannte Umverteilung innerhalb der Bevölkerung in Gang, um denjenigen einen Neuanfang zu ermöglichen, die durch Krieg, Vertreibung und Enteignungen in Ost- und Mitteldeutschland ihr Vermögen verloren hatten. Betriebsverfassungsgesetz, Rentenreform und die Lohnfortzahlung im Krankheitsfall ergänzten den Sozialstaat, wie er noch heute besteht. Das alles wurde möglich durch eine freiheitliche Wirtschaftspolitik, die auf Eigeninitiative statt auf Zwang setzte und dem Staat die Rolle des die Ordnung bewahrenden Schiedsrichters zuwies.

Trotz aller innen- wie außenpolitischen Erfolge der Adenauer-Zeit, die mit dem NATO-Beitritt ihren Höhepunkt erreichten, schien ihrer Außenpolitik lange Zeit ein

Kalkulationsfehler zugrunde zu liegen – der Westen vermochte im Zeitalter der Atombombe niemals so stark zu werden, um von den Sowjets die Herausgabe Mitteldeutschlands zu erzwingen. Nichts schien das deutlicher zu machen als der Mauerbau 1961 und die hilflose Reaktion des Westens darauf. Die folgenden sozialliberalen Regierungen zogen daraus den Schluss, dass man Rechtspositionen räumen müsse, um Substanz zu retten. In der Großen Koalition unter dem unterschätzten Kurt Georg Kiesinger begann die vorsichtige Annäherung an den Osten, die Suche nach lagerübergreifenden Gemeinsamkeiten, die Politik der menschlichen Erleichterungen. Dass dabei am Ende zu viel demokratische Substanz verloren ging, als Sozialdemokraten sich mit SED-Kommunisten trafen, dafür aber um die Solidarność-Bewegung in Polen einen großen – friedenswahrenden – Bogen machten, gehört schon einer späteren Zeit an. Verträge mit Warschau und Moskau im Jahre 1970, das Transitabkommen im Jahre 1971 und schließlich der Grundlagenvertrag des Jahres 1972 erleichterten nicht nur das Reisen und Verbindung halten, sondern ermöglichten auch eine neue deutsche Beweglichkeit. Helmut Kohl konnte kaum noch etwas hinzufügen, aber auch nichts mehr zurücknehmen von dem, was 1972 noch leidenschaftliche parlamentarische und öffentliche Debatten ausgelöst hatte.

Im Nachhinein betrachtet und von den Leidenschaften des Tages losgelöst, war die Ostpolitik Willy Brandts und der sozialliberalen Koalition die notwendige Ergänzung zu Westpolitik und Westintegration, weshalb sie auch die von Schmidt für notwendig gehaltene und von Kohl durchgesetzte Nachrüstung überstand. Es hätte nicht der Kampfbegriffe einer »neuen Ostpolitik« oder gar »Friedenspolitik« bedurft, denn es war viel Bismarck und Rückversicherung in dem, was Egon Bahr sich da ausgedacht hatte, weshalb im Westen nicht nur Zustimmung, sondern auch viel Skeptisches geäußert wurde. Als der Staatssekretär im Auswärtigen Amt, Paul Frank Kissinger, die neue Bonner Politik erläutert hatte, erhielt er den Bescheid: »Na gut, schön. Aber das eine sage ich Ihnen: Wenn Entspannungspolitik, dann machen wir sie und nicht Sie«. Nach innen setzte Brandt dem Adenauerschen »keine Experimente« sein »mehr Demokratie wagen« entgegen, eine Leerformel für allerlei fragwürdige Experimente mit Schule, Bildung, Erziehung und Universitäten, an deren Folgen wir noch heute laborieren.

Es gehört zu den ironischen Kapriolen des Einigungsprozesses, dass so mancher Konservative, der die Bundesrepublik über Jahre gestützt und verteidigt hatte, ihr angesichts der Einigung die Treue brach, wohingegen nicht wenige Linke, die sie zu ihren Lebzeiten als unvollkommen und restaurativ von sich gewiesen hatten, sie im Untergang in ihr Herz schlossen. Den einen war sie eine historische Kümmerexistenz in einer Nische der Weltgeschichte, apolitisch, fremdbestimmt und im Sybaritismus versinkend; den anderen wurde sie im Vergehen zum Modellfall aufgeklärter Staatlichkeit, eine »civil society« auf dem Wege zur herrschaftsfreien Kommunikation. Beide Positionen überzeichnen, doch enthalten beide mehr als nur ein Körnchen Wahrheit. Die Bundesrepublik hatte bei ihrer Gründung im Jahre 1949 Startchancen, die uns erst heute, da sie bedroht scheinen, recht bewusst werden. Schon die räumliche Begrenzung erwies sich als Glücksfall. Das alte Reich musste den Spannungsbogen zwischen rheinischem Katholizismus und ostpreußischem Pietismus aushalten. Köln verband fast nichts mit Königsberg, die Pfalz nichts mit der Uckermark. Wolf Jobst Siedler hat einmal davon gesprochen, dass man Deutschland in das Weinland im Westen, das Bierland in der Mitte und das Schnapsland im Osten teilen könne, das dann umstandslos in die slawische Wodka-Welt übergehe. Historischer ausgedrückt kann man davon sprechen, dass die alte Bundesrepublik in ihrem Kernland Limesland, also römisches Erbe war, dass die vormalige DDR bis zur Elbe das ottonische Deutschland umfasste, in dem die mittelalterlichen Kaiser gotische Dome mit römischen Ziegeln gebaut hatten, und dass östlich der Elbe Kolonialland lag, Ostelbien nämlich.

War das Hohenzollernreich evangelisch geprägt, so war die alte Bundesrepublik konfessionell ausgeglichen. Doch da die Stätten deutscher Innerlichkeit – Wittenberg und Naumburg, Eisleben und die Wartburg – aus dem Blickfeld verschwunden waren, prägte das katholische Deutschland den Weststaat stärker als sein evangelisches Element. Es fiel der alten Bundesrepublik folglich auch nicht schwer, sich in die angelsächsische Weltzivilisation einzufügen; denn der Rhein hatte schon immer teil an der westeuropäischen Entwicklung, an römischem Institutionendenken, an Renaissance, Aufklärung und den Idealen von 1789. Der alte Stechlin blickte nach Osten, nach Russland, nicht nach Westen, ganz anders als der Düsseldorfer Jude Heine und der rheinische Katholik Adenauer. Trotz Kant und Humboldt war das Gesicht Preußens gen Osten gewandt, schließlich war Preußen im Siebenjährigen Krieg und in den Befreiungskriegen von Russland gerettet und auch Bismarcks Einigungswerk nur durch den Seitenwechsel Russlands nach dem Krimkrieg möglich geworden.

Unsere westlichen Nachbarn haben diese Veränderung Deutschlands sehr viel schärfer gesehen als wir selbst. Graf Krockow zitiert in seinem Buch »Die Deutschen in ihrem

Jahrhundert« einen Holländer mit den Worten: »Ihr Deutschen klagt immer darüber, dass 1945 der Osten so weit vorgedrungen ist bis an die Elbe und die Werra. Für uns sieht es anders aus: Die Grenze Westeuropas ist um ein paar hundert Kilometer von Aachen bis Helmstedt nach Osten vorverlegt worden.«

Der Fortfall der Provinzen, aus denen die Führungsschichten des Hohenzollernreiches kamen, hatte aber auch eine personale Folge, die zugleich Verlust und Gewinn bedeutete. Diejenigen, die die deutsche Großmachtpolitik getragen und den deutschen Weg zwischen West und Ost verkörpert hatten, waren ihrer materiellen Basis beraubt. Was der Nationalsozialismus begonnen hatte, vollendete seine Niederlage. Zum letzten Mal waren die großen preußischen Namen am 20. Juli 1944 in Erscheinung getreten. Im Aufbäumen gegen Hitler verblutete der preußisch-deutsche Konservativismus. Nach dem Kriege gab es jenes Deutschland nicht mehr, das sich von der politischen Kultur Westeuropas dadurch zu unterscheiden suchte, dass es die »volkhafte Lebensordung« über den bürgerlichen Staat stellte. Eine Neuauflage der Politik von Brockdorf-Rantzau und Schulenburg war weder machtpolitisch noch räumlich, noch geistig möglich. Die nachwachsende Generation, in jüngster Zeit abwertend als »Jalta-Generation« tituliert, wandte sich deshalb entschlossen nach Westen. Die einen suchten der irrationalen deutschen Tradition durch die Hinwendung zum linken Hegel und einem »westlich gewendeten Marx« zu entkommen. Die anderen entdeckten in Burke und Tocqueville jenen demokratischen Konservativismus, den Heidegger und Carl Schmitt in Deutschland zuerst verdrängt und schließlich zerstört hatten. So sehr die Achtundsechziger Revolte auch »Linke« und »Rechte« trennen sollte, einig blieben sie sich in der

Überzeugung, dass es einen gesonderten deutschen Weg nicht mehr geben konnte. Während die »Rechten« das westliche Deutschland konsequent in die transatlantischen Institutionen einfügten, bekämpften die »Linken« diese Institutionalisierung ihrer mentalen Westbindung als Restauration des Kapitalismus.

Entlang dieser Scheidelinie verlief auch der Konflikt der Achtundsechziger. Was für die einen ein Gewinn an Homogenität und Weltoffenheit war, erschien den anderen als ein Verlust an Urbanität und geistiger Tiefe. Karl-Heinz Bohrer hat in seinen bitteren Marginalien zum Provinzialismus das Versagen der bundesrepublikanischen »classe politique« im ersten Golfkrieg gegeißelt und ihr die Flucht aus dem Politischen vorgeworfen. Dabei hat er den Verlust der alten politischen Führungsschichten für die »intellektuelle Begrenzung und kulturelle Niveaulosigkeit« der neuen kleinbürgerlichen Politikergeneration verantwortlich gemacht, die er in Kohl und Lafontaine repräsentiert sah. Nicht erst der Betroffenheitskult in der Nachfolge der Achtundsechziger, sondern bereits das Aufgeben der existenziellen metaphysischen Dimension in den sechziger und siebziger Jahren habe Deutschland als eine geistige Möglichkeit ausgelöscht. Doch die Bindung an den Westen setze eine akzeptierte Identität voraus, die das Erbe nicht schematisch in rational und irrational unterteile, da eben diese Selbstverstümmelung der tiefere Grund für den Mangel an Existenzwillen und Handlungsbereitschaft in der alten Bundesrepublik sei.

Deutschland bedroht niemanden mehr, aber es fasziniert eben auch keinen, wie sich der geheimnisvolle Leo Strauss schon 1949 beklagte. Diese Kritik, die Botho Strauß in seinem »Anschwellenden Bocksgesang« wieder aufgenommen hat, zielt zugleich auf jene »political correctness«, die schon die Frühromantik in den deutschen Sonderweg einbiegen sieht und mit Ernst Jüngers »Arbeiter« auch seine »Marmorklippen« verwirft. Die alte Bundesrepublik, so ihre Kritiker, habe ein Milieu hervorgebracht, das »betont kommunikativ, aber evasiv, liebenswürdig, aber ängstlich, programmatisch-ideologisch, aber undeutlich und unkonkret« sei. »Dass ein Volk sein Sittengesetz gegen andere behaupten will und dafür bereit ist, Blutopfer zu bringen, das verstehen wir nicht mehr und halten es in unserer liberal-libertären Selbstbezogenheit für falsch und verwerflich«, hat Botho Strauß geurteilt. Nachdem die Deutschen lernen mussten, dass die Freund-Feind-Unterscheidung Schmittscher Observanz zur Krisenbewältigung nicht geeignet ist, entschieden sie sich für die Konsenssuche als ein Gegenmodell. Nicht Ausgrenzung, sondern Einhegung wurde die Zauberformel der alten Bundesrepublik. Es war der Abschied von dem tragischen Versuch, »mit welch geistigen und moralischen Mitteln auch immer – uns selbst als besondere Kategorie, die Metaphysik des Ichs gegen eine internationale Regel ins Feld zu führen«.

Kurzschlüsse, die in Verurteilungen münden, sind immer gefährlich. Dennoch gab es natürlich eine Verbindungslinie von Fichtes nationaler Metaphysik über die Verwerfung der Modernität und der rationalistischen Tradition durch den »Rembrandt-Deutschen« bis hin zu »Bruder Hitler« (Thomas Mann). Diese Verbindungslinie, die das Scheitern des deutschen Weges nach Europa symbolisiert und an deren Ende die Ersetzung des »Ich« durch das »Es« in der Heideggerschen Philosophie stand, brach 1945 ab. Dass dabei auch kulturelle Verluste zu beklagen sind, steht außer Frage.

Doch die Gewinne überwiegen: Zum ersten Mal ist die parlamentarische Demokratie westeuropäischer Prägung fest in Deutschland verankert, zum ersten Mal ist es den

Deutschen gelungen, Konfliktlösungsmodelle zu entwickeln, deren Fehlen die Republik von Weimar zerstört hat. In Deutschland hat sich eine zivile, bürgerliche Gesellschaft gebildet, die Abschied genommen hat vom lutherischen Gemeinschaftsideal und ein gesellschaftliches Mindestmaß an Toleranz ausgebildet hat. Und zum ersten Mal hat auch eine politische Klasse in Deutschland pragmatischen Realismus als Tugend begriffen. Die Staatsräson der Bundesrepublik stützte sich nicht wie die des Kaiserreiches auf zwei Augen, deren Erlöschen den Staat zum Schiff ohne Steuermann werden ließ. Vor diesem Hintergrund ist die Welt, in der wir immer noch leben, leicht zu skizzieren: Die Bundesrepublik ist eine demokratische Industriegesellschaft, deren Klassenstruktur weit schwächer ausgebildet ist als die der klassischen Demokratien. Dies bedeutete von Anfang an die Suche nach dem Kompromiss als einer Strategie zur zivilisierten Beilegung von Konflikten, wenn nicht gar zu ihrer Vermeidung.

Die Schlüsselworte der westdeutschen Gesellschaft waren Stabilität und Konsens. Schon am Beginn der zweiten deutschen Demokratie stand mit der sozialen Marktwirtschaft ein Ordnungsbegriff bereit, der Ausgleich und Partnerschaft signalisierte. Alle Begriffe, die im öffentlichen Leben der Bundesrepublik eine Rolle gespielt haben, atmen diesen Geist der Konfliktvermeidung: Mitbestimmung, Friedenspflicht, innerer Friede, sozialer Friede, soziales Netz, Sozialpartnerschaft, Sicherheitspartnerschaft, konzertierte Aktion und Solidarpakt. Zu keiner Zeit hatte jene kalte Marktgesellschaft, die Margaret Thatcher und Präsident Reagan vorschwebte, in diesem Lande eine Chance. Die manchmal beklagten Verkrustungen – ob beim Ladenschluss, in der Tarifpolitik oder auf dem Arbeitsmarkt – sind die Folge eines leidenschaftlichen

Sicherheitsbedürfnisses, das in dem Wahlkampfslogan der fünfziger Jahre »Keine Experimente« einen überzeitlichen und allgemeingültigen Ausdruck fand.

Dem Streben nach gesellschaftlichem Kompromiss entsprach die Ausrichtung der deutschen Politik und ihrer Institutionen auf die politische Mitte. Risikovermeidung um fast jeden Preis mag auch die Folge des Fehlens einer homogenen Führungselite sein, da dieser Mangel fast zwangsläufig durch das Streben nach Konsens und institutionellem Zwang zu politischer Gemeinsamkeit ausgeglichen werden muss.

Wie in der Innenpolitik, so bestand in der alten Bundesrepublik am Ende auch Konsens über die Außenpolitik, obwohl hier anders als bei den gesellschaftlichen Grundlagen die leidenschaftliche politische Debatte am Anfang stand und alle Grundentscheidungen gegen den Widerstand einer beträchtlichen Minderheit durchgesetzt werden mussten. Das galt für die Wiederaufrüstung, die NATO-Mitgliedschaft, die Gründung der Europäischen Gemeinschaft, die Brandtsche Ostpolitik und die Nachrüstung. Was heute klar und einleuchtend erscheint, war am Anfang weit umstrittener als die gesellschafts- und wirtschaftspolitische Ausrichtung der Bundesrepublik. Das eigentlich Neue an der alten Bundesrepublik war die Selbstverständlichkeit, mit der ihre Bürger sich als Teil des Westens und seiner politischen Kultur, als Teil einer immer enger zusammenwachsenden Gemeinschaft europäischer Nationen empfanden. Europäische Integration und atlantische Ligaturen gehören heute zum Kernbestand deutscher Staatsräson.

Erstaunlicherweise hat die Revolte von 1968 weder die innenpolitischen Grundlagen der Republik noch die außenpolitischen Richtungsentscheidungen in Frage gestellt.

Dennoch war sie eine Zäsur für die bundesrepublikanische Gesellschaft, über deren Auswirkungen und Folgen noch immer gestritten wird. Doch während die konservative Publizistik noch immer alles Unheil dieser Welt mit dem Jahre 68 beginnen lässt, und dabei übersieht, dass diese Revolte die Folge eines »konservativen« Modernisierungsschubs mit gesellschaftlichen Auflösungstendenzen in Richtung auf mehr Wohlstand, mehr Freiheit und damit verbunden größeren Wahlmöglichkeiten war, sind die damaligen Revolutionäre merkwürdig still geworden oder haben sich zu Kritikern der gesellschaftlichen Folgen von 68 gemausert. Betrachtet man das Ende und nicht den Prozess, so halten sich Negatives und Positives die Waage.

Zu den Erbübeln von 68 muss man nach wie vor die Dominanz eines marxistischen Weltbildes rechnen, das den Ordoliberalismus verdrängte und die Deutschen in theoretischer Hilflosigkeit zurückließ. Die modische Verflachung von Erziehung und Bildung, die Aushöhlung traditioneller Institutionen wie die Auflösung des Politischen in einer zur Handlungsunfähigkeit verdammenden Betroffenheit sind weitere Negativa. Die Geringschätzung des Formalen und das Leugnen des Existenziellen haben die schon vorhandene Neigung verstärkt, alle Konflikte durch Sozialarbeit und Gesprächstherapie, durch Appelle an den »common sense« und gutes Zureden zu überwinden.

Doch den Verlusten stehen auch Gewinne gegenüber. Das Zerstörungspotenzial von Großtechnik ist uns seit Friedrich Georg Jüngers berühmtem Buch geläufig; ins tägliche Bewusstsein wurde es trotz Hiroshima erst von den Grünen gehoben. Dass wir Lebenswelten nur in dem Umfang und in der Geschwindigkeit preisgeben können, wie sich neue entwickeln, dass der Markt zwar Güter, aber keine Traditionen reproduziert, gehört ebenfalls zu den neueren Einsichten. Dass die Verlangsamung des Fortschritts eine Notwendigkeit für das Wohlbefinden der Menschen wie für die Kohärenz von Gesellschaften ist, wäre in den Anfangsjahren der Bundesrepublik nicht verstanden worden. Die Bewahrung des Romantischen, des Verspielten, des Individuellen gegen demokratische Egalität und wirtschaftliche Rationalität ist gleichfalls ein Stück – vielleicht sogar ungewollter – Betroffenheitserkenntnis.

Die Zivilisierung des Politischen im Umgang mit anderen Völkern als Folge der Aufarbeitung der nationalsozialistischen Verbrechen gehört ebenfalls hierher. Mag die »Toscana-Fraktion« ein Symbol für den Verlust des Politischen in der 68er-Generation sein, die zivilisierende Wirkung selbst oberflächlichster Tourismuserfahrung lässt sich nicht leugnen. Während die ältere Generation, trotz ihres »differenzierten Sprachwissens« und ihrer »kulturellen Erfahrung« mit Italien, noch den »Verrat« von 1915 und 1943 verband, schätzen die Jungen die Glückserfahrungen des Reisens ohne jede geschichtliche Erinnerung. Sie sind damit trotz aller Bildungsverluste des Massentourismus in den Schoß jener weltbürgerlichen deutschen Tradition zurückgekehrt, die besonders im 18. und im frühen 19. Jahrhundert bestrebt war, sich fremde Lebens- und Kulturformen anzuverwandeln, auch wenn das politisch-kulturelle Interieur der bereisten Länder vielen verschlossen blieb. Der Widerspruch zwischen Lebenswelt und Politik hat sich aufgelöst, und die antiamerikanisch kostümierte Revolte hat am Ende trotz der Anfechtungen durch den Terrorismus im deutschen Herbst in eine weitere Verwestlichung Deutschlands gemündet.

Statt des Marxismus und des Maoismus obsiegte die Pop- und Hippie-Kultur, und die Achtundsechziger wurden die kulturellen Erben Adenauers, ihre intellektuellen

Wortführer zu Verfechtern der Westintegration. Wenn Jürgen Habermas sich heute zu Helmut Kohls Außenpolitik bekennt, dann zeigt das auch die gewaltige Integrationsleistung der deutschen Nachkriegsgesellschaft, deren erster innenpolitischer Härtetest die Überführung des Generationenkonflikts in einen neuen Konsens war. Betrachtet man die bundesrepublikanische Gesellschaft in den achtziger Jahren, so stellt sie sich als eine reife, ausdifferenzierte Gesellschaft dar, in der die vielfältigen und individualisierten Privatwelten die Uniformität der Arbeits- und Warenwelt kompensieren.

Die Errungenschaften der Vielfalt wie der Emanzipation des liberalen Individuums ermöglichen aber auch den libertären Hedonismus und Narzismus, die Rationalität und Disziplin als die Grundlagen ihrer Ermöglichung zerstören können. Mit den Worten des verstorbenen Historikers Nipperdey: »Wo aber Einheit ist, wächst das Spaltende auch.« Doch dies ist das klassische Problem aller reifen Gesellschaften: Die Auflösung des Politischen in höchst unbestimmbaren Gefühlswelten, Hedonismus und Pazifismus, wie das immerwährende schlechte Gewissen der führenden Schichten waren auch typisch für das England Eduards VII. Vita Sackville-West hat diesen Erosionsprozess in den »Edwardians« gültig beschrieben, und wir finden darin fast alles, was die Kulturpessimisten beklagen: Genusssucht und Entscheidungsschwäche, ein notorisch schlechtes Gewissen der Herrschenden und den Unwillen, den politischen Realitäten ins Auge zu sehen. Die kulturelle Überzeugung wird zur Pose ästhetischer Lebensstile und die Kraft zur Gestaltung zerrinnt in schwächlichem Epigonentum, wie es Byron in seiner »Ode an Venedig« von einer funktionsunfähigen Elite gemalt hat: »Jedoch in ihrem Schlaf nur murren sie / verschieden von den Vätern ganz – gleichwie / der Ebbe dunkelgrüner Schlamm auch immer / verschieden ist von frischem Flutenschimmer«.

Trotz dieser Gefährdungen bleibt die Geschichte der Bundesrepublik in den letzten vierzig Jahren historisch eine ununterbrochene Erfolgsgeschichte, auf die jene das englische historische Denken prägende »Whig Interpretation of History« zutrifft, die das Geschehen als eine – wenn auch umkämpfte – Entwicklung zu mehr Toleranz, mehr Freiheit und mehr Demokratie begreift. Der wirtschaftliche Erfolg hat die Teilhabe immer breiterer Schichten an dieser Entwicklung ermöglicht.

Ein hartes, aber am Ende dennoch gütiges Geschick hat das Gesicht Deutschlands gewaltsam nach Westen gewendet, wenn man so will, eine »Leistung« Hitlers, auch wenn sie das genaue Gegenteil von dem darstellt, was er bewirken wollte. Doch dies ist kein neuer Sonderweg, wie zu Beginn behauptet wurde, sondern die Erfüllung deutscher Geschichte. Denn die Idee des Reiches war jahrhundertelang europäisch, nicht deutsch. Das nationale Selbstbild der Deutschen beruht auf einem »selektiven Grundriss« der Geschichte, den Treitschke im 19. Jahrhundert mit der deutschen Mission Preußens ideologisch überhöhte, wodurch zur Normalität werden sollte, was historisch gesehen die Ausnahme war. In der Bundesrepublik hat sich der Kreis geschlossen. Denn ihre Staatsdoktrin war eben nicht nur Ausdruck eines rheinischen Provinzialismus, sondern auch Anknüpfung an verschüttete deutsche Traditionen, an Goethes und Humboldts Weltbürgertum. Was vom Weströmischen Reich über die Karolinger, die Ottonen und die Staufer zu Karl V. führte, was dann nach über fünfzehnhundert Jahren Dauer für dreihundert Jahre unterbrochen war, um für achtzig Jahre eine vergängliche Form anzunehmen, kehrte zu seinen Ursprüngen zurück. Die

Deutschen in der Bundesrepublik haben in den vergangenen vierzig Jahren nach Europa zurückgefunden, da sie das Jahr 1945 darüber belehrt hat, dass Karl V. gegenüber Luther letztlich im Recht und das alte Reich kein Irrweg der deutschen Geschichte war, wie das noch der liberale Historiker Heinrich von Sybel fand. Man mag es bedauern und auch beklagen: Auschwitz hat die Möglichkeit einer eigenen, vom Westen unterscheidbaren geistigen Identität Deutschlands auf lange Zeit, wenn nicht für immer ausgelöscht.

Das war am Ende auch das Dilemma des zweiten deutschen Staates. Viele Besucher und professionelle Beobachter, die in den siebziger Jahren in die DDR reisen konnten, waren sich darüber einig, dass sich unter aller realsozialistischen Tristesse hier ein Stück altes Deutschland erhalten habe, viel eigenständiger und traditioneller als in der westlich gefirnissten alten Bundesrepublik. Der Fernsehjournalist und spätere Ständige Vertreter der Bundesrepublik in Ostberlin, Günter Gaus, hat daraus geradezu einen Kult gemacht und immer wieder Deutsches entdeckt, wo im Westen nur noch Westliches, Angloamerikanisches zu entdecken waren. Doch dieser ganz andere nationale Sozialismus war immer nur Produkt der Not, nie eigenständiges Wollen einer autochtonen Gesellschaft, und nur die sowjetischen Truppen konnten die DDR von der Bundesrepublik getrennt halten, wie sie es am 17. Juni 1953 ja auch getan haben. So war die DDR von Anfang an »der traurige, zweitgeborene Schicksalszwilling der glücklicheren Bundesrepublik« (Golo Mann) gewesen, weshalb auch eine ausgedehnte Beschäftigung mit ihr kaum lohnt, da es fremdbestimmte Form, nicht deutsche Staatlichkeit war.

Am Anfang begann alles wie im Westen mit Ländern, Ministerpräsidenten, demokratischen Wahlen und einer gemischten Wirtschaft. Doch schon im Jahre 1952 beschloss die SED den Aufbau des Sozialismus unter den Bedingungen des »sich gesetzmäßig verschärfenden Klassenkampfes«. Aus der SED wurde eine Partei leninistischen Typs, es begann die Zwangskollektivierung und die Vernichtung des Mittelstandes. Die Zuchthäuser füllten sich mit Opfern willkürlicher Richtersprüche, und viele verschwanden für immer in Sibirien. Die Streikbewegung um den 17. Juni 1953 und der Tod Stalins bremsten noch einmal den Aufbau des Sozialismus. Doch da die westliche Reaktion auf die berühmte Stalin-Note von 1952 deutlich gemacht hatte, dass weiter gehende Ziele in Deutschland nicht zu erreichen waren, propagierten die Nachfolger Stalins, dass die deutsche Frage durch die Existenz zweier deutscher Staaten mit unterschiedlichen gesellschaftlichen Systemen gelöst sei. Die Konstellation von 1648 hatte sich ein letztes Mal hergestellt, und die beiden Deutschlands waren nun wieder Gewichte auf den verschiedenen Waagschalen des atomaren Gleichgewichts, ganz im Sinne von Mauriacs ironisch geflügeltem Wort: »Ich liebe Deutschland so sehr, dass ich zufrieden bin, dass es zwei davon gibt.«

Bis 1961 konnten die von einer schwächeren Basis herkommenden Aufbauleistungen das Ausbluten des Landes kaum kompensieren, mit dem Bau der Mauer gab es für ein paar Jahre einen trügerischen Wohlstand, der, je länger er dauerte, mit der Verschleuderung von Substanz bezahlt wurde, deren Ausmaß in den zerbröckelnden Städten vielen Westdeutschen erst im Jahre 1989 sichtbar wurde. Den Wettbewerb mit dem Westen konnten Staat und System nicht gewinnen. Als die Sowjetunion nicht mehr bereit und in der Lage war einzuspringen und Defizite auszugleichen, platzte die Blase des auf Pump von der Bundesrepublik finanzierten Konsums. Eine Senkung des Lebensstandards um ein Viertel wäre die Folge gewesen, durchsetzbar nur noch mit Gewalt und sowjetischer Rückendeckung. Als diese ausblieb, war die DDR am Ende, und auch ihre vermeintliche Deutschheit erwies sich im Untergang als Luftblase. Dass dabei viele Lebensläufe entwertet, weil ihre Leistungen obsolet wurden, ist das bittere Erbe einer Teilung, die von den 17 Millionen Mitteldeutschen gleich zweimal bezahlt wurde – während der Dauer der DDR und nach ihrem Ende.

Endlich am Ziel

Der Fall der Mauer und der Zusammenbruch des Kommunismus in Osteuropa stellte den deutschen Bundeskanzler Helmut Kohl vor die schwierigste Aufgabe seiner politischen Laufbahn. Niemand hatte den Zusammenbruch erwartet und niemand war auf die Folgen vorbereitet. Die Wiedervereinigung der Deutschen in einem Staat wurde von der westdeutschen Bevölkerung trotz aller rhetorischen Bekundungen der politischen Klasse nicht erstrebt. Die Westdeutschen hatten die alten Kulturlandschaften Mitteldeutschlands aus ihrem Bewusstsein getilgt, ohne dass der Verlust ihnen schmerzlich gewesen wäre. Deshalb war das Zusammenfügen der beiden Teile Deutschlands auch keine notwendige Folge aus dem Zusammenbruch des Ostblocks. Das Zusammenleben in einem Staat stellt keinen Wert an sich dar – schließlich hatte das Bismarckreich, an das die Wiedervereinigung anknüpfen musste, gerade einmal 75 Jahre bestanden, und diese Zeit hatte nicht zu den glücklichsten Epochen der deutschen Geschichte gehört. Im Gegenteil: Zwei Weltkriege symbolisierten die Unfähigkeit des deutschen Volkes wie seiner führenden Schichten, einen Platz in Europa zu finden und diesen im Einvernehmen mit den Nachbarn friedlich zu behaupten.

Es zeugt deshalb von historischer Einsicht und politischer Vernunft, dass zu Beginn des Prozesses, der schließlich in der neuen Einheit mündete, niemand die Zweistaatlichkeit zur Disposition stellen wollte. Erst als der moralische und ökonomische Zusammenbruch der alten Ordnung die Verantwortungsübernahme durch die Bundesrepublik unausweichlich machte, änderte Helmut Kohl die Zielvorgabe einer demokratischen DDR und setzte die deutsche Einheit auf die Tagesordnung der Weltgeschichte. Doch diese Tagesordnung wurde von jenen gemacht, die in Leipzig und Dresden vom basisdemokratischen »Wir sind das Volk« zum nationalen »Wir sind ein Volk« übergingen. Damit hatte der zweite deutsche Staat seine Existenzberechtigung verspielt, und in den nun anhebenden Einigungsverhandlungen mit der ersten frei gewählten Regierung der DDR galt er nicht mehr als gleichrangig.

Es hat in Deutschland in jenen Wochen und Monaten, aber auch später noch eine merkwürdige, typisch deutsche Diskussion über die moralische Wünschbarkeit der Einheit gegeben. Dabei hat vor allem Günter Grass den Standpunkt eingenommen, dass in Auschwitz der Anspruch auf den einen Staat historisch verspielt worden sei – allerdings ohne zu sagen, wer ein solches Recht auf fortdauernde Teilung habe. Eine moralische Verpflichtung hätte dem Verlangen nach Einheit nur dann entgegengestanden, wenn die fortdauernde Zweistaatlichkeit in irgendeiner Weise geeignet gewesen wäre, die Folgen des Holocaust für die Nachgeborenen zu lindern oder eine drohende Wiederholung von Auschwitz zu verhindern. Aber selbst Grass wagte nicht die Behauptung, dass ein wiedervereinigtes Deutschland zu einem solchen Verbrechen noch einmal fähig sei.

Gravierender waren die Vorbehalte der Engländer und Franzosen, die zwar ebenfalls mit dem Hinweis auf die

Vergangenheit, zugleich aber mit Blick auf die Zukunft argumentierten. England und Frankreich hatten in zwei Kriegen die deutschen Weltmachtphantasien nur mit transatlantischer Hilfe bändigen können, und England büßte dabei sein Kolonialreich und seine Weltmachtstellung ein. Die daraus rührenden Vorbehalte gegen ein wiedervereinigtes Deutschland waren umso verständlicher, als die Vorstellungen von einer neuen postkommunistischen Weltordnung kaum irgendwo deutlich wurden. Die Schwäche der englischen Position, die Margret Thatcher in ihren Erinnerungen offen gelegt hat, bestand in dem Mangel an Alternativen. Als das Staatsvolk der DDR den eigenen Staat nicht bewahren und den eigenen Weg nicht mehr gehen wollte, war es an der Bundesrepublik, Verantwortung zu übernehmen. Dazu verpflichtete moralisch die Präambel des Grundgesetzes und pragmatisch die Tatsache, dass niemand anders bereit war, das entstehende Machtvakuum zu füllen. Als Alternative wäre nur eine Machtübernahme durch die vier Alliierten des Zweiten Weltkrieges in Frage gekommen, eine Überlegung, die 45 Jahre nach dem Ende des Krieges so großen psychologischen Schwierigkeiten begegnet wäre, dass sie nicht einmal von Margret Thatcher ins Gespräch gebracht wurde. So stand England letztlich allein. Die Vereinigten Staaten unterstützten den Bundeskanzler, da ihnen ein vereinigtes Deutschland von der Größe Montanas keine machtpolitischen Bauchschmerzen bereitete, und Frankreich setzte auf die Einbindung Deutschlands in NATO und Europäische Union.

Mit der Aufnahme des Vorschlages konföderativer Strukturen in das Zehn-Punkte-Programm des Bundeskanzlers waren Richtung und Ziel vorgegeben, ohne dass der Zeitpunkt fixiert war; der rasante Schwund staatlicher Macht in der DDR erzwang ein größeres Tempo, als selbst Kohl ursprünglich vorausgesehen hatte. Seine Verhandlungen mit Gorbatschow und ihr schneller erfolgreicher Abschluss bleiben eine herausragende staatsmännische Leistung auch dann, wenn man die außergewöhnliche Unfähigkeit dieses sowjetischen Staatsmannes in Rechnung stellt.

Von Sebastian Haffner stammt die nur auf den ersten Blick verblüffende Feststellung, dass Gorbatschow diejenige Persönlichkeit in der neuesten Geschichte sei, die er am meisten verachte. Ihm sei das Kunststück gelungen, eine Weltmacht innerhalb von wenigen Jahren aus freien Stücken auf Null zu bringen. Wir haben uns angewöhnt, die deutsche Wiedervereinigung nur aus deutschem Blickwinkel zu betrachten und allenfalls die Einwände unserer westeuropäischen Verbündeten zur Kenntnis zu nehmen. Aus russischer Sicht markiert dieses Ereignis und die Räumung des osteuropäischen Vorfeldes aber das Ende einer fast dreihundertjährigen Politik der Ausdehnung nach Westen und Süden, die seit Peter dem Großen zu den Grundlagen russischer Staatsräson gehörte. Vom Schwedischen Krieg über den Siebenjährigen Krieg, von den polnischen Teilungen, den Koalitionskriegen gegen Napoleon, dem Krimkrieg, den Balkankriegen um das türkische Erbe in Europa bis hin zum Handschlag mit amerikanischen Soldaten an der Elbe hatte Russland und später die Sowjetunion versucht, seine Grenzen nach Westen zu verschieben. Als Bethmann-Hollweg, der Kanzler des Deutschen Reiches, sah, wie der Verwalter seines Gutes in Hohenfinow im heutigen Brandenburg neue Linden auf der Allee seines Besitzes pflanzte, winkte er müde ab: »Was soll das? In ein paar Jahren stehen doch die Russen hier.«

Die europäischen Mächte haben mit unterschiedlichen Mitteln, die sich manchmal ergänzten, manchmal in ihrer Wirkung aufhoben, versucht, die russische Expansion zu verhindern. Preußen ist meist den Weg der Anlehnung an Russland gegangen, so etwa im ganzen 19. Jahrhundert, von den Napoleonischen Kriegen bis zur Aufkündigung des Rückversicherungsvertrages durch Bismarcks Nachfolger. Und noch Wilhelm II. hat vergeblich versucht, die wachsenden deutsch-russischen Spannungen durch ein Familienbündnis mit den Romanows zu neutralisieren. England hat mit seiner Flotte das Osmanische Reich gestützt und geschützt und ist der russischen Ausdehnung durch das Schwarze Meer ins Mittelmeer entgegen getreten. England und Frankreich haben gemeinsam mit Österreich auf dem Wiener Kongress das Vordringen Russlands aufgehalten und die Kosaken durch ein geheimes Verteidigungsbündnis aus Westeuropa vertrieben. Was noch Napoleon »misslang« hat schließlich Hitler zuwege gebracht – die russische Präsenz in der Mitte Europas. Damit hatte Stalin erreicht, was den Zaren immer wieder entglitten war.

Die russische Geschichtsschreibung wird Gorbatschow einmal dafür verantwortlich machen, dass er die Arbeit von Jahrhunderten in wenigen Jahren ruiniert hat. Hans Magnus Enzensberger hat Gorbatschow zu den Helden des Rückzugs gezählt, die unhaltbare Positionen aufgegeben und große Reiche friedlich aufgelöst haben. Doch dies ist der Versuch, ein ratloses Treibenlassen als Tugend auszugeben. Mag sein, dass sich die Überdehnung der russischen Weltmachtposition nicht unbeschränkt aufrechterhalten ließ, das sowjetische Reich reformiert werden und, wenn möglich, in ein Commonwealth umgewandelt werden musste. Doch dies hätte eine Bestandsaufnahme, eine Analyse der Optionen und Möglichkeiten vorausgesetzt. Nichts davon ist unter Gorbatschow geschehen, im Gegenteil: Als Kissinger im Auftrag Präsident Bushs Gorbatschow vorschlug, dass die USA und die Sowjetunion koordiniert und geordnet den Kalten Krieg beenden sollten, fand Gorbatschow dieses Denken des Metternich-Biographen reaktionär und der Vergangenheit verhaftet. Nicht einen Moment lang kam ihm der Gedanke, dass das Russische Reich sehr viel Ähnlichkeiten mit dem alt gewordenen Habsburger Reich aufwies und Metternichs vorsichtige Außenpolitik ein Ausfluss der Schwäche der Großmacht war, die er vertrat. Die Sowjetunion hatte bis zum Fall der Mauer und noch darüber hinaus die Möglichkeit, organisiert und ohne Hast neue Positionen zu beziehen und sie international abzusichern.

Anders als Talleyrand, der 1814 einer ähnlichen Aufgabe gegenüber stand, und die Großmacht Frankreich aus dem napoleonischen Zusammenbruch retten musste, hatte die russische Diplomatie weder eine Vorstellung von dem Ziel, das sie anstrebte, noch von den Mitteln, die es dafür einzusetzen galt. Zu keinem Zeitpunkt der Verhandlungen – so die amerikanische Journalistin Elizabeth Pond – entwickelte die sowjetische Diplomatie eine in sich geschlossene Alternative zu den westlichen Vorschlägen. Wenn Schewardnadse noch im Juni den Austritt Deutschlands aus der NATO oder den Umbau des Bündnisses favorisierte und vier Wochen später Gorbatschow der NATO-Mitgliedschaft seinen Segen gab, zeigt das einen für eine Weltmacht kaum nachvollziehbaren Mangel an analytischer Konsequenz. Nimmt man hinzu, dass Schewardnadse später behauptet hat, dass der Kreis um Gorbatschow die DDR schon 1986 abgeschrieben habe, so ist es noch weniger verständlich, weshalb für diesen Fall kein diplomatisches Drehbuch bereit stand.

Falin hat in seinen Erinnerungen die Positionen benannt, die von deutscher Seite auch befürchtet worden waren – Austritt aus der NATO, zumindest aber Rückzug aus der gemeinsamen Militärorganisation à la Frankreich, als Minimum jedoch das Verbot der Stationierung von Atomwaffen auf deutschem Boden. Nichts davon wurde durchgesetzt, da Gorbatschow zu keiner Zeit eine Vision von Russlands Stellung in der Welt hatte. Fehlte schon eine eindeutige Definition russischer Interessen, so waren die diplomatischen Mittel geradezu erbärmlich. Gorbatschow ließ sich mit einem darauf völlig unvorbereiteten System auf die offene Diplomatie der westlichen Demokratien ein und zog dabei zwangsläufig den Kürzeren. Timothy Garton Ash hat den Preis der deutschen Wiedervereinigung auf Lebensmittellieferungen im Werte von 220 Millionen D-Mark und einen ungebundenen Finanzkredit in Höhe von fünf Milliarden D-Mark beziffert. Hinzu kamen später noch einmal zwölf Milliarden und ein zusätzlicher Dreimilliardenkredit für den Abzug der sowjetischen Truppen aus Deutschland, ein Spottpreis für 16 Millionen Menschen und 108 333 Quadratkilometer deutschen Territoriums.

Da das außenpolitische Gelingen der deutschen Einheit schlecht bestritten werden kann, andererseits das Bild des Bundeskanzlers als eines mäßig begabten Provinzpolitikers damit nur schwer in Einklang zu bringen ist, haben sich einige Kritiker in die Behauptung geflüchtet, dass die Chancen und Risiken so offen zutage lagen, dass nicht wirklich Innovatives gefordert war und folglich jeder durchschnittlich begabte Politiker diesen Weg ohne Fehler gegangen wäre. Ein solches Urteil verkennt nicht nur die Komplexität des historischen Prozesses, es ist auch selbst ahistorisch, da es die Bedeutung der politisch Handelnden gegenüber den Strukturen ebenso unterschätzt, wie Helmut Kohl sie gern überschätzt. Auch zu Beginn der fünfziger Jahre war die Situation aus dem Rückblick eindeutig und ließ keine andere deutsche Außenpolitik als die Adenauers zu. Adenauers auf die Westbindung gerichtetes Handeln war in einem physisch und moralisch ruinierten Land die einzige Möglichkeit nationaler Politik, und jeder andere hätte in ähnlicher Weise handeln müssen.

Doch die Tatsache, dass es für den historischen Betrachter im Nachhinein keine Alternative gab, muss dem Handelnden nicht ohne weiteres einsichtig sein, wie der endlose Streit um die angeblich verpassten Chancen der Stalin-Note von 1952 beweist. Vergleichbare Situationen hat es immer wieder im Laufe der Geschichte gegeben. Zu Stresemanns »Erfüllungspolitik« gab es so wenig eine Alternative wie zu Erzbergers Unterschrift unter die Waffenstillstandsvereinbarungen von Compiègne – und dennoch waren entscheidende politische Kräfte in Deutschland gegen das Unvermeidliche. Talleyrands in späterer Zeit von Historikern gerühmte Rettung der französischen Großmachtstellung aus dem napoleonischen Untergang hat ihm in Frankreich den Vorwurf des Verrates eingetragen. Und auch die Haltung der SPD zur deutschen Wiedervereinigung war bestenfalls ambivalent, immer auf der Suche nach einer Möglichkeit, die Zweistaatlichkeit zu erhalten, auch als diese keine Chance mehr hatte.

Helmut Kohl hätte die historisch einmalige Konstellation an verschiedenen neuralgischen Punkten verderben oder zumindest mit erheblichen Hypotheken belasten können. Schon die Vorstellung des Zehn-Punkte-Programms im November 1989 war ein kalkuliertes Risiko, da Kohl zwar die Einbettung des Zusammenwachsens in den europäischen Einigungsprozess versprach, aber seine Vorstellungen ohne vorherige Abstimmungen mit den westlichen Verbündeten präsentierte. Wir wissen heute, dass weder

Frankreich noch England bei vorheriger Konsultation zugestimmt hätten, die dadurch ausgelöste Verstimmung andererseits aber nicht so stark war, den Prozess zu behindern. Mit dem Ausspielen der europäischen Karte verhinderte Kohl zudem eine neue englisch-französische Entente, wie Margret Thatcher in ihren Erinnerungen freimütig einräumt. Und nicht zuletzt mit seiner Rede in Dresden hätte Kohl sowohl die Verbündeten verprellen als auch seine Landsleute enttäuschen können. Dass er beides vermied, bleibt eine intuitive staatsmännische Leistung.

Zu seinen bedeutendsten Leistungen zählt aber zweifellos, dass er zu keiner Zeit in die theoretisch aufgestellte Falle eines Gegensatzes von nationaler Einigung und NATO-Mitgliedschaft lief. Wäre Gorbatschow an dieser Stelle bei seiner ursprünglichen Forderung geblieben, dann hätte die Bundesrepublik eine Zerreißprobe zu bestehen gehabt, bei der Kohls Herausforderer Lafontaine trotz aller europäischen Rhetorik womöglich der Versuchung erlegen wäre, seinem Wunsch nach einem Austritt aus dem westlichen Bündnis, zumindest aber nach einem Rückzug nach dem Vorbild de Gaulles Nachdruck zu verleihen. Doch auch die nationalkonservativen Kräfte in der Union hätten in diesem Falle wohl für Einheit und Neutralität votiert. Dass dies gar nicht erst zum Thema wurde und damit den Deutschen die Wiederbelebung der Diskussion von 1952 erspart blieb, kann man nicht hoch genug einschätzen. Wie Bismarck die Nachwirkungen des Krimkrieges und den polnischen Aufstand nutzte, um Österreich von Russland zu trennen, und damit den Weg für die Reichseinigung frei machte, so konnte Kohl durch sein festes Bündnis mit Amerika erst die englischen, dann die polnischen und am Ende auch die russischen Einwände überspielen und die bestehende Ordnung in Europa umbauen, ohne Deutschland zu isolieren und damit neuen Gefahren auszusetzen.

Seit Bismarcks Bündnissystem von den Nachfolgern aufgegeben worden war, war es das erste Mal, dass ein deutscher Regierungschef wieder Weltpolitik machte, ohne das Land ins Chaos zu führen. Rathenau und Stresemann waren an inneren Widerständen gescheitert, Adenauer und Brandt hatten zwar Bedingungen für Kohls Erfolg geschaffen, aber die Zeit nicht mehr oder nicht mehr aktiv erlebt, in der Gestaltungsmöglichkeiten zu Wirklichkeiten wurden. »Es ist auf Erden alles unvollkommen, ist das alte Lied der Deutschen«, hatte einst Hölderlin gehöhnt. Diesmal war das Werk gelungen.

Um die außenpolitische Leistung Kohls zu würdigen, soll zum Abschluss einer seiner größten Verächter zitiert werden: Rudolf Augstein. Im Spiegel 11/1990 erschien Augsteins Kommentar noch mit der Überschrift: »Er kann es wirklich nicht«. Im Spiegel 30/1990 endete Augsteins Betrachtung mit den Worten: »Den Staatsmann Kohl wird man nicht mehr von der Landkarte tilgen können. Glückwunsch, Kanzler!«

Literatur

Augstein, Rudolf: Preußens Friedrich und die Deutschen, Frankfurt/Main, 1968
Bender, Peter: Deutschlands Wiederkehr, Eine ungeteilte Nachkriegsgeschichte, 1945-1990, Stuttgart 2007
Brandi, Karl: Kaiser Karl V., Frankfurt 1976
Clark, Christopher: Preußen, Aufstieg und Niedergang, 1600-1947, München 2007
Craig, Gordon A.: Deutsche Geschichte, 1866-1940, München 1980
Craig, Gordon. A.: Über die Deutschen, München 1982
Fest, Joachim: Hitler, Eine Biographie, Berlin 1973
Fest, Joachim: Staatsstreich, Berlin 1994
Friedell, Egon: Kulturgeschichte der Neuzeit, München 1927/31
Gall, Lothar: Bismarck, Der weiße Revolutionär, Frankfurt-Berlin-Wien 1980
Gauland, Alexander: Helmut Kohl. Ein Prinzip, Berlin 1994
Haffner, Sebastian: Anmerkungen zu Hitler, München 1978
Haffner, Sebastian: Von Bismarck zu Hitler, München 1987
Haffner, Sebastian: Preußen ohne Legende, Hamburg 1979
Hildebrand, Klaus: Das vergangene Reich. Deutsche Außenpolitik von Bismarck bis Hitler, Stuttgart 1995
Jünger, Ernst: Auf den Marmorklippen, Stuttgart 1960
Kantorowicz, Ernst: Kaiser Friedrich II., Stuttgart 1987
Kissinger, Henry: Großmacht Diplomatie – Von der Staatskunst Castlereaghs und Metternichs, Düsseldorf-Wien 1962
Kunisch, Johannes: Friedrich der Große, München 2004
Lepenies, Wolf: Kultur und Politik, Deutsche Geschichten, München 2006
Mann, Golo: Deutsche Geschichte des 19. und 20. Jahrhunderts, Frankfurt 1973

Mann, Golo: Wallenstein, Frankfurt/Main 1971
Massie, Robert: Die Schalen des Zorns, Frankfurt/Main 1991
Nette, Herbert: Friedrich II. von Hohenstaufen in Selbstzeugnissen und Bilddokumenten, Reinbek 1975
Nette, Herbert: Karl V. in Selbstzeugnissen und Bilddokumenten, rororo, Reinbek, 1979
Ritter, Gerhard: Friedrich der Große, Königstein/Taunus 1978
Ritter, Gerhard: Luther – Gestalt und Tat, München 1983
Ritter, Gerhard A.: Über Deutschland, Die Bundesrepublik in der Deutschen Geschichte, München 1998
Schieder, Theodor: Friedrich der Große, Frankfurt/Main-Berlin-Wien 1983
Schulze, Hagen: Kleine Deutsche Geschichte, München 1996
Schulze, Hagen: Weimar, Deutschland 1917-1932, Berlin 1982
Schulze, Hans K.: Hegemoniales Kaisertum, Berlin 1991
Seibt, Ferdinand: Karl V. – Der Kaiser und die Reformation, Berlin 1990
Stürmer, Michael: Das ruhelose Reich, Deutschland 1866-1918, Berlin 1983
Stürmer, Michael: Bismarck. Die Grenzen der Politik, München-Zürich 1987
Thatcher, Margaret: Downingstreet 10, Die Erinnerungen, Düsseldorf 1993
Wedgewood, C. V.: Der Dreißigjährige Krieg, München 1967
Winkler, Heinrich August: Der lange Weg nach Westen, 2 Bände, 1. Vom Ende des Alten Reiches bis zum Untergang der Weimarer Republik; 2. Vom »Dritten Reich« bis zur Wiedervereinigung. München 2000